세월의 강물, 법향으로 흐르다
2

부처님 따라 인연 따라
걸어온 길 위에서

일러두기

※ 이 책에 수록된 모든 사진은 저자로부터 제공받은 것입니다.
※ 본문 중 일부 방언이나 옛말은 현재의 규범 표기를 따르는 대신 저자의 표현 그대로 실었습니다.

세월의 강물,
법향으로 흐르다 2

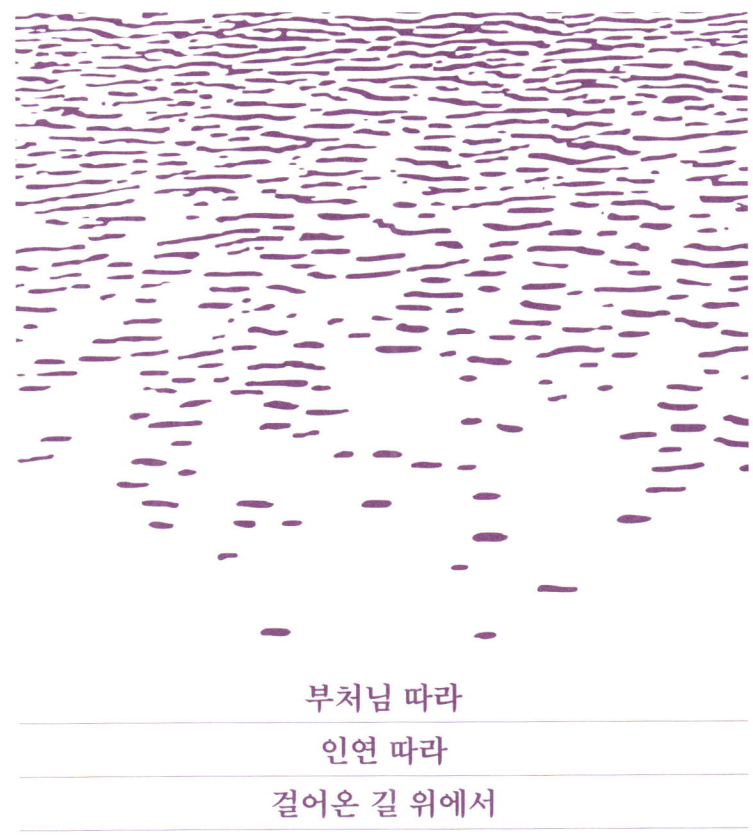

부처님 따라
인연 따라
걸어온 길 위에서

대원성 이정옥 지음

담앤북스

책을 펴내며
불연佛緣으로 살아온 삶의 보배

세월의 강물 따라 어언 팔십 고개를 넘어 여기까지 살아온 제가 인생 회향의 길목에서 책을 펴내기까지는 너무나 많은 고민이 있었습니다. 그러다 어느 날 제 가슴속에 큰 보배가 담겨 있음을 느끼게 되었고, 이 보배 창고를 열어 지금은 뵐 수 없는 큰스님들과의 이야기를 공유함으로써 많은 이들에게 깊은 신심과 환희를 전하는 한편, 큰스님들의 은혜에 조금이나마 보답하고자 『세월의 강물, 법향으로 흐르다』라는 제목으로 감히 두 권의 책을 출간하게 되었습니다.

　형편이 넉넉지 않았던 젊은 시절, 공무원의 아내로서 네 자녀를 키우며 신행 단체를 만들고 이끌어 오느라 참 분주하게 살아왔습니다. 돌아보면 실수와 후회도 많았지만, 감사하게도 부처님의 가호加護와 가피加被가 늘 제 곁을 지켜 주셨기에 가능했던 은혜로운 삶이었다고 믿습니다.

　지난날 큰스님들과의 인연으로 바른 신심을 배우고 수행의 가치를 알게 되었을 때, 제게는 세상이 온통 아름답고 희망으로 가득했으니 마음만은 언제나 부자로 살 수 있었으며 불자라는 긍지를 가지고 늘 당당한 모습일 수 있었습니다. 여러 큰스님들과의 인연과 추억은 저의 삶과 신심에 큰 힘이 되어 주었고, 평생을 부처님 품속에서 행복한 불자로 살게 해 주신 은혜이자 가피였습니다. 그러므로 저에게 큰스님들과의 인연은 단순한 시절인연이 아니었습니다.

옛날에는 큰스님들을 친견하는 일이 쉽지 않았기에 스님들의 옷자락만 살짝 스쳐도 은혜인 줄 알고, 한 끼의 공양을 올리는 일도 큰 복전福田으로 여겼는데, 무엇 하나 잘하지도 못했던 제가 큰스님들을 친견하며 공양도 청하여 올리고 차담으로 값진 법문도 들을 수 있었으니 제 모든 삶이 가피였습니다.

세월이 흘러 그때 그 시절 어른스님들께서 모두 열반에 드시어 지금은 찾아뵐 수가 없지만, 제 가슴속에는 큰스님들의 옛 모습과 흔적들이 지워지지 않은 채 소중한 그리움으로 남아 있습니다. 그 그리움이 부디 헛되지 않은 보람이 되길 바라며, 제게 가르침을 주신 어른스님들의 향훈을 많은 이들과 함께 나눌 수 있게 되기를 삼보 전에 합장 예경하며 고하옵니다.

아울러 이 책의 출간을 축하해 주신 대한불교조계종 종정 중봉 성파 큰스님과 흔쾌히 추천서를 써 주신 조계종 총무원장 진우 큰스님, 석종사 회주 혜국 큰스님, 동국대학교 이사장 돈관 큰스님, 범어사 방장 정여 큰스님, 감로사 회주 혜총 큰스님, 홍법사 주지 심산 큰스님, 조계종 총무원 문화부장 성원 큰스님의 따뜻한 격려에 큰 힘을 얻게 되었습니다.

 또한 저에게 항상 관심과 배려를 아끼지 않으시는 대광명사 주지 목종 스님의 은혜 덕분에 오늘날 이 책을 펴낼 수 있게 되어 무량한 감사의 마음을 전합니다. 끝으로, 한평생 부부의 연으로 살아오며 곁에서 늘 힘이 되어 준 남편 노성원 님께 고마운 마음을 전해 봅니다. 감사합니다.

불기 2569(2025)년 12월

대원성 이정옥 합장

차례

04   책을 펴내며

부처님 제자로 살아온 길

12   더 낮아지는 내가 되기 위한 참회
17   기도란 무엇인가
21   나의 기도 영험
27   누구를 만나느냐에 따라
32   눈에 보이는 모든 것들 중에
       나 아닌 것이 없어라
38   부처님 도량 아닌 곳이 없어라
42   나의 의지처였던 인연
46   시작이 있으면
       끝이 있어야 하는 법
49   욕심이 많았던 나의 지난날
52   백중 기도로 만나는 영가님들

인연 속에서 삶을 배우다

60   법향이 가득한 미담
63   배려
66   홍법사 창건주 하도명화 보살님
68   선물 같은 사람이 되고 싶어라
73   몽골 여행을 다녀와서
80   어쩌다 병원에서 새해를 맞다
86   마지막 정리는 살았을 때
89   복은 내 스스로 짓는 것
91   촛불 속 심지 같은 인연
94   은혜에 보답할 줄 아는 사람
100   내 곁의 사람이
       재산이고 보배이다
102   전라도와 경상도 사돈

변하는 세상, 변하지 않는 진리

108 택시 운전사가 된 스님
111 세월 따라 변해 가는 세상
115 49재의 달라진 의미
118 이해와 용서
120 부산국제불교박람회에서 느끼다
124 배우지 않으면 알 수 없지만
127 자연이 들려주는 법문
132 집 앞 재개발 현장을 보며
135 사람도 자연이다
141 새해의 꿈과 소망
144 달라진 지금의 모습

아름다운 회향을 서원하다

152 인생은 강물이다
156 어쩌다 발견한 옛 일기장
160 내 어릴 적의 설날
166 친정집 제사상에 올린 감
169 9월 9일 제사를 올리며
174 여든의 나이에 느끼는 마음
177 고난 없는 삶이 어디 있을까
180 아직도 목적지를 정하지 않았다
184 행복이 무엇일까
189 우리 내외는 닮았다
194 잘 익은 호박처럼

저자와 함께한 길 위에서

202 귀한 인연
206 어머니의 삶을 바라보며
212 부록_ 글로 못다 전한
       인연의 순간들

부처님 제자로
살아온 길

해바라기 꽃은 해를 따라 고개를 돌리고
나는 부처님바라기가 되어
부처님 품속에서만 놀고 싶어라.

더 낮아지는 내가 되기 위한
참회

우리는 별로 하는 일도, 해 놓은 일도 없이 '바빠서 죽겠다'는 말을 자주 내뱉는다. 시계를 바라보고 있노라니, 그 어떤 시간도 뛰어넘는 법이 없거니와 고장이 아니고서야 멈춰 서 있는 법 또한 없다. 시계는 사람이 만든 과학 기술이지만 우리는 시계가 아닌 시간 속에서 살고 있지 않는가! 시간은 변하지 않고 서두르지 않는데, 사람들은 스스로 세월에 쫓겨 왔다가 세월에 쫓겨 가며 새로운 역사를 이루고 있다.

내가 누구일까? 나는 나일 뿐! 내가 아닌 모두는 내가 아닌 남일 뿐이다. 흐르는 물을 보니 물은 절대로 길을 탓하지 않고, 바위는 아무리 거센 물살이 닥쳐도 나무라지 않으며, 바다는 그 어떤 빗물이나 흙탕물이 들이닥쳐도 시비치 않으니, 그 모든 것이 여여如如할 뿐이다.

하늘의 해는 단 하나로, 찾아다니지 않아도 세상을 밝혀 주고 만물을 키워 내며 온갖 생명을 살려 주니 신비롭지 않은가! 민들레 꽃도 지고 나면 하얀 솜털 속에 씨앗을 품고 있다가 때가 되면 어디론가 인연 따라 흩어지듯, 우리 인생도 나[我]라는 이름 속에 나를 가두어 두고 오늘을 살고 있지만 나 역시 내가 아닌 내가 되어 어디로 가야 할 것인가?

사람의 몸이 잘 사는 법이라면 죽었다 살아나기를(잠을 잘 때는 완전히 잠들어 세상 걱정 없는 휴면이 되어야 하고 아침이면 개운한 기분으로 일어날 수 있는) 잘하면 건강한 삶이라고 하겠지만 모든 인생은 파도타기의 고된 연속이 아니던가! 내일을 위해 저축하듯 내생來生이라는 숙제를 안고 있는 지금, 어떻게 나를 길들여야 할까?

어제는 큰딸과 차 한잔을 마시며 이야기를 나누었다. 내가 "다음 생에 어떤 사람으로 태어났으면 좋겠니?"라고 물었을 때 딸이 의외의 답을 해서 깜짝 놀랐다. 딸은 "다시 태어나고 싶지 않아요. 생명이 아닌 구름 같은 것, 실체가 없는 그런 모습이랄까?"라고 대답했다. 그 말을 듣는 순간 정말 놀랐다. "어쩌면 그런 도인 같은 말을 하니? 나도 그러고 싶지. 그런데 사람으로 살아오면서 그동안 쌓아 온 업을 피할 수는 없을 것 같아 걱정이지. 네 말대로 그렇게만 된다면 무슨 걱정이겠니? 그리되면 부처님이지."라고 얘기하면서 수행의 모습을 생각했다. 처음 들어 본 딸의 그 말이 한동안 잊히지 않을 것 같다.

  인간의 삶이 어찌 좋을 수만 있겠는가. 생이 곧 고苦가 아니던가! 무체無體와 무명無命에 대해 이야기하는 동안 나처럼 열심히 불교를 내세우지 않던 딸에게 그 말을 듣고 나서 내가 해 오던 발원들도 다시 한번 돌아보게 되었다. 마음 한편 짠한 느낌도 지울 수가 없었다. 언젠가 신문에서 달라이라마 존자께서 늘 읊으신다는 기도문을 읽게 되었다.

> 오늘 잠에서 깨어나 이렇게 살아 있음은 행운입니다.
> 나는 귀하고 얻기 어려운 인간의 몸을 가지고 있습니다.
> 오늘 하루를 낭비하지 않겠습니다.
> 최선을 다해 나를 영적으로 발달시키고
> 남들에게 나의 마음을 열고 좋은 생각을 가질 것이며
> 화를 내거나 좋지 않은 생각을 하지 않을 것이며
> 내가 할 수 있는 만큼 남을 도우며 살겠습니다.
> 언제 누구와 함께 있더라도
> 제 자신을 누구보다 낮은 사람으로 여기고

그들을 변함없는 마음으로

가장 높은 사람으로

소중히 섬길 수 있기를 기원합니다.

  이 글을 읽고 나는 깊은 반성을 하게 되었다. 날마다 지인들로부터 스마트폰으로 글이나 동영상을 많이 받게 되는데, 그중에도 과하게 보내는 친구가 있어 때로는 보지도 않고 지우거나 답장도 잘 하지 않던 내 행동이 떠올라서 너무나 부끄러워 후회와 반성을 하게 되었다. 더 나을 것 없는 내가 오만했던 것일까?

  사람은 이렇게 알게 모르게 무시 아닌 무시로 자칫 죄를 짓게 되는 것이 아닐까 싶다. 이제는 더 낮아지는 내가 되기 위한 참회를 하게 되었다. 보살이라 들었던 나의 흔적들을 참회케 하는 이 글을 만난 것은 행운이었다. 너무 미안한 생각이 들어 이제는 꼬박꼬박 답장도 보내고 내게 있는 좋은 글들도 실어 보내며 말로써 하지 못하는 용서를 바라는 마음이 되었으니 참으로 다행이었다.

  달라이라마 존자님 같은 분도 날마다 외우신다는 이 기도문을 서울에 살고 있는 손주들에게도 보내며 한 번씩 써 보라고 했다. 지난 설날에도 백팔 참회 기도문을 사경하고 백팔 배를 하면 상금을 준다고 했더니 여섯 명의 손주 모두가 약속을 잘 지켜서

각각 세뱃돈과 상금을 부치게 되었을 때 참으로 감동이었다.

  손주들이 학교 공부에 바빠 부처님 말씀을 접할 기회가 없으니 우선 이런 글들을 읽고 쓴 경험으로나마 마음에 불심佛心의 씨앗이 되길 바라는 이 할머니의 포교 방법이기도 하다. "백팔 참회문을 쓰다가 눈물이 났다."는 손주들의 말 한마디만으로도 훌륭한 부처님의 제자가 될 자격이 있으리라 믿기 때문이다. '일념즉시무량겁一念卽是無量劫'을 외우며 오늘을 채운다.

기도란 무엇인가

젊은 시절 초발심이었을 때, 운문사 사리암으로 친구와 함께 기도하러 간 적이 있었다. 밤을 새워 기도하는 보살님들 사이에서 우리도 부지런히 "나반존자님"을 부르며 절을 하다가 갑자기 함께 기도하던 친구가 "나쁜 존자! 나쁜 존자!"라고 계속 외치는 것이었다.

밤늦은 시간이라 절을 하면서도 비몽사몽이던 친구의 그 기도 소리에 나는 그만 웃음이 터져 감당이 안 될 정도였다. 겨우 마음을 고쳐 잡고 나반존자를 부르는데, 이번에는 또 다른 쪽에서 "나만 좋다! 나만 좋다!"를 계속 부르고 있었으니 우리는 웃음으로 밤을 새웠다.

또 어느 해 연꽃모임 회원들과 함께 강화도 보문사에 가서 밤을 새워 기도하게 되었을 때였다. 굴법당 제대성중諸大聖衆님 전에서 목탁을 치고 절을 하며 기도를 하는데, 새벽이 밝아 오니 혼미한 정신이 되어 "제대성중"을 부르다가 회원 한 사람이 "제대군인"이라고 큰 소리로 외쳐서 모두가 참지 못하고 한바탕 웃음이 터져 버리기도 했다.

아침 공양 시간에 그 형님께 왜 '제대군인'이라고 했느냐고 물어보니 "한참을 제대성중이라고 하다가 그만 졸음을 참지 못하고 그 말을 깜빡 잊어버려서 제대라고 하니 제대한 군인이 생각나서 그렇게 불렀다."라고 했다. 그 말을 듣고 우리 모두 배를 잡고 뒹굴며 웃었다. 그때만 해도 기도 용어가 생소한 회원들이었기 때문이다.

그런데 신기한 일은, '제대군인'이라는 말로 그렇게 웃겼던 그 형님이 돌아와서 나중에 해 준 말이었는데, 그렇게 간절히 원했던 일이 당장에 성취되었다고 자랑하는 것이었다. 어떤 용어로 기도했든 그 마음만은 진심이었기 때문에 소원이 이루어진 것이었다. 우리가 무슨 말을 하든 진심이 통하면 알아차리듯 비록 말은 다르게 했어도 기도하는 마음의 뜻은 제대성중님이 다 알아주셨던 것이다.

옛날에 큰스님께 들었던 법문이 생각난다. 공양간의 공양주 보살님은 일하면서 늘 "관살보살, 관살보살" 하면서 기도했고, 채공 보살님은 "관삼보살, 관삼보살" 하면서 기도를 했는데, 어느 날 두 보살이 서로 틀린 말을 가지고 다투다가 큰스님께 가서 여쭈어 보기로 했다.

공양주 보살님은 큰스님이 좋아하시는 국수를 한 그릇 삶아 들고 가서 자초지종 말씀을 드리며 "관살보살을 부르는 게 맞지요, 스님?" 하고 여쭤보니 큰스님께서 "그래, 맞다."라고 하셨다. 의기양양하게 돌아와 채공 보살에게 자랑하듯 말을 하니, 채공 보살님이 약이 올라 큰스님이 좋아하시던 만두를 한 그릇 준비하여 들고 가서 물었다. "스님, 저는 관삼보살이라고 기도하는데, 그게 맞지요?"라고 하자, 큰스님은 "그래, 맞다."라고 하시니 두 사람이 다시 다투게 되었고 "함께 가서 물어보자."라며 스님을 찾아갔다. 큰스님께서 답하시길, "국수 경에는 관살보살이 맞고, 만두 경에는 관삼보살이 맞으니 부지런히만 불러라." 하고 말씀하셨다.

말하자면, 용어가 중요한 것이 아니라 진심으로 하는 기도라면 성취될 수 있다는 법문이었다. 다만, 때와 장소에 따라 주변의 사람들과 호흡과 리듬을 맞추고 질서를 지켜야 하기 때문에 함께하는 소리가 되어야 할 것이다.

내가 처녀였던 시절, 대각사 법당에서 연말 신중기도를 밤을 새워 가며 하는데 모두가 노보살님들뿐이고 처녀는 나 혼자였다.

그때는 부끄러운 마음이 들어 눈을 감고 계속 "화엄성중"을 부르며 절만 했다. 그런데 정신을 차려 눈을 떠 보니, 부처님을 바라보고 하던 절이었는데 나만 부처님 반대편의 문 쪽으로 돌아서서 절을 하고 있었다.

어찌나 부끄럽고 황당했던지 지금도 그때를 생각할 때면 혼자 부끄러워 웃음을 짓곤 한다. 그래도 그때의 내 모습과 용기에는 스스로 큰 박수를 보내며 감사한 마음이 든다. 만약 그런 날들이 없었다면 과연 오늘날 내가 어떤 모습으로 살고 있을까 싶다. 기도는 간절함과 지극함으로 이루어지는 공덕이자 가피라고 굳게 믿는다.

나의 기도 영험

그동안 부처님께 참 많이도 졸랐다. 내가 있어 가족이 있고, 나로 인한 모임도 있었다. 그래서 날마다 기도하면서 부처님을 많이도 괴롭게 했다. 내가 불교를 알고 부처님 품속에서 평생을 살아오면서 나로 인한 욕으로 부처님께 누漏가 되는 말이라도 듣게 될까 봐 제일 조심스러웠다.

혹여나 내 가족이 잘못을 해서 "절에 열심히 다니고 기도하는 집에서…."라는 말을 듣게 될까 봐 나부터 허물을 만들지 말아야 했고, 바르게 살아야만 불교를 탓하지 않을 것이라는 신념으로 매일 백팔 배 절을 했으며, 경을 쓰고 경을 읽으며 불자 가족으로서 모범이 되길 서원했다.

매일 절에 갈 수가 없어서 우리 집 방 하나에 작은 불단을 차려 두고 공양을 올리며 기도했다. 결혼하면서부터 계속 그렇게 해 왔고, 네 아이를 키울 때도 훈육을 해야 할 때는 매를 들기보다 백팔 배 절로써 벌을 주었다. 그리고 새로 지은 밥과 과일, 심지어 과자까지도 부처님 전에 공양을 올린 다음에 먹게 했다.

 대학 입학시험이 있을 때마다 우리 아이가 합격하지 못한다면 이웃이나 회원들에게 신심을 잃게 만들까 봐 더욱 간절한 기도로 부처님께 매달렸던 것 같다. 혹시라도 '부처님을 믿고 절에 다녀도 별수 없다.'는 구업口業을 듣지 않기 위해서였다. 다행히 그때마다 부처님께서는 나의 소원을 다 들어주셨다. 5년 동안 네 아이 모두 원하는 대학에 갔을 때, 비로소 이웃과 회원들에게 불자로서 당당했고 모두가 믿어 주는 신심이 되었다.

 그뿐만 아니라 나를 의지하여 불교에 입문한 회원들을 위해 날마다 이름을 불러 가며 기도를 했다. 수행에 앞서 우선은 어려운 일을 만나지 않고, 작은 소원이 하나씩 이루어질 때마다 부처님을 믿은 공덕임을 알고, 법문을 듣고 깨달아 수행의 의미를 알게 되리라는 것이 나의 신조였다.

 거의 50년 가까이 되어 가는 긴 세월 동안 여러 모임마다 다행히 무사했고, 행복한 추억으로 모임을 회향할 수 있었다. 그동안 어쩌면 기복을 바랐다고도 할 수 있겠지만 나의 그 모든 발원이나 개인만을 위한 소원이 아닌 공심公心의 기도 발원이었기에 성취가 가능했다고 나는 믿는다.

지금 여든의 나이에 함께해 온 모임을 회향했지만, 회원들 모두 한결같이 "지난날 대원성을 만나 절에 다닐 수 있었고, 큰스님들을 친견하여 법문도 들을 수 있어서 참으로 행복한 일생을 살 수 있었다."라고 고마움을 말해 줄 때, 내 인생의 보람이 여기에 있었다. 이렇게 평생을 나와의 인연들을 위해 기도한 나를 부처님께서는 한 번도 외면하지 않으셨다.

옛 어른스님께서 일러 주신 세 가지 가피를 기억하고 있다. 흔히들 꿈으로써 알게 되는 몽중夢中가피, 간절한 소원이 당장 해결되는 현현顯現가피, 가랑비에 옷이 젖는 줄도 모르다가 차츰 젖게 된다는 안개와 같은 명훈冥勳가피가 있다고 했다.

간절한 기도에 의해 꿈 한 번으로 걱정이 사라지는 경험을 겪어 보게 되었다. 한 번이 아닌 여러 이야기 중 몇 개만 소개하자면, 내가 40대 젊은 시절 어지럼증으로 고생할 때가 있었다. 증세가 점점 심해져서 한의원을 운영하던 큰오빠에게 의논하러 갔는데, 오빠는 내가 너무 불교 일로 바깥에 많이 나가니까 조금이라도 자중하라는 뜻으로, 약을 먹고 좋은 음식을 많이 먹으며 집 밖을 나가지 말라는 말을 했다. 거기까지는 좋았는데, "옛말에 어지러움이 잦으면 지랄병이 된다는 말이 있다."라는 오빠의 말에 발끈하여 나는 그만 화를 내고 나왔다.

돌아오는 길에 한 회원이 운영하는 약국에 들러 오빠와의 있었던 이야기를 하니 약사인 그 회원도 오빠와 똑같은 말을 하는 것이었다. 화를 내며 "약을 먹지 않겠다."라고 말하고 돌아와 다음 날부터 백 일 동안 작정하고 기도를 했는데, 70일쯤 되던 날 새벽에 꿈을 꾸었다. 내가 알고 있는 스님이 경명주사 두 통을 주셨는데, 꿈속에서도 나는 이것으로 경을 쓰면 좋겠다고 좋아하다가 잠에서 깼는데 그날로 어지럼증이 깨끗이 나았다.

또 한번은 도반들과 호텔 커피숍에서 파인애플 주스를 마셨다가 그날부터 알레르기가 온몸으로 번져 가려움 때문에 심한 고생을 하게 되었고 심지어 김치와 된장도 먹을 수 없을 만큼 고통이 심했다. 피부약은 너무 독하기도 하거니와 효과가 없었다.

하는 수 없이 백일 기도를 하기로 마음을 먹고 시작하였더니, 50~60일쯤 되었을 때 꿈속에서 내 손바닥에서부터 진드기 벌레들이 한없이 흘러나오기에 징그러워서 털다가 잠에서 깼는데, 그날부터 거짓말처럼 깨끗이 나아서 몸이 자유로워졌고 음식도 무엇이든 먹을 수 있었다. 이게 모두 몽중가피의 공덕이었다.

또 어느 날 남편이 퇴근하여 집에 들어서는데 배를 움켜쥐고 고통스러워하는 모습이었다. 집 앞 병원 내과에 갔을 때 급성 맹장염이니 큰 병원으로 속히 가서 수술을 하라며 소견서를 써 주었다. 하필 그날은 다음 날 해인사 대중공양을 앞두고 마루에 장을 태산같이 쌓아 두고 있을 때였고, 난감한 상황에 '여름날이라 음식이 상할 텐데 이 일을 어떻게 해야 하나?' 하며 당황해서 어쩔 줄 몰라 했다.

지금처럼 핸드폰도 없었고, 집집마다 전화가 있을 때도 아니어서 그 많은 회원들에게 연락도 안 되거니와 아직 신심이 여물지 않은 회원들이 이 상황을 안다면 대원성으로부터 불교를 믿었다가 대원성으로부터 불교를 믿지 않을 정도로 나들이에만 신이 나 있었기에 내 머리가 여간 복잡하지 않을 수 없었다.

남편이 만약 수술해야 한다면 당연히 못 가게 될 일이었고, 새벽부터 몰려오는 회원들을 돌려보내야 하는 미안함과 마루에 쌓아 둔 공양물들은 어떻게 해야 할지를 생각하며 기로에 서게 된 나는 아무 대책이 없었다가 문득 우리 내외가 신혼이었을 때가 떠올랐다. 그 당시 시어머니께서 지금과 같이 급성 맹장염으로 춘해병원에서 수술 준비가 다 되었을 때, 친정 아버지께서 한약 세 첩이면 나을 테니 수술을 말리라고 하셔서 밤새 약을 달여서 드시게 했더니 깨끗이 나으셨던 기억이 났다.

지금은 아버지께서 안 계시니 큰오빠 한의원으로 미리 전화를 해 두고 서둘러 택시를 타고 갔다. 가면서 오면서 얼마나 놀란 가슴으로 관세음보살을 부르며 간절히 기도했던지. 돌아와서 한약 세 첩을 한꺼번에 다 넣고 달여서 남편에게 계속 마시게 했고, 어느새 조용히 잠든 남편의 가슴에 귀를 대고 숨소리를 확인하느라 뜬눈으로 밤을 지새웠다.

그러다 새벽 5시가 되자 대문의 벨 소리가 울리더니 사람들이 몰려오기 시작했고, 모두가 여행을 가듯 들뜨고 행복 가득한 얼굴로 걸어올 때 나는 당황하여 쩔쩔매고 있었다. 그때 남편이 어느새 옷을 갈아입고는 바깥으로 나와 오는 사람마다 반갑게 인사를 하지 않는가!

너무 놀랍게도 남편은 그 많은 짐을 버스에 다 실어 주었고 무거운 수박도 날라 주었다. 그러고는 인원수까지 일러 주며 "조심히 잘 다녀와."라고 말하는 남편의 말을 듣고 나는 눈물이 났다. 지금 같으면 다른 회원들에게 부탁해도 될 일이었지만 그때는 내가 움직이지 않으면 아무 일도 못 했을 때였다. 그렇게 해인사를 다녀오면서 기도밖에 의지할 곳이 없었다.

집으로 돌아왔을 때 멀쩡히 나아 있는 남편을 보니 이 어찌 부처님의 은혜가 아닐 수 있을까? 이렇게 현현가피로 보여 주신 나의 기도 영험을 회원들도 함께 느끼게 되었으니 박수로 환호했던 그때를 지금도 잊지 못한다. 이 외에도 수많은 기도 영험이 있지만 자칫 오해를 낳게 될까 봐 여기서 줄인다. 기도는 간절해야 하고 지극하면 이루어진다는 나의 경험이자 실화이다.

누구를 만나느냐에 따라

　내가 30대 젊었던 시절에 6촌 시숙이 살았던 집을 사게 되어 처음으로 집주인이 되었다. 이미 그 집에 여러 가구가 세 들어 살고 있었는데, 나이도 제각각이었고 종교도 저마다 달랐다. 나는 단칸방에서 살 때부터 예불과 기도를 빠짐없이 해 왔던 터라 매일 소리 내어 기도했었다. 이웃들은 내 기도 소리를 들으려고 마당으로 나온다고 말할 정도였다.

　우리 방 바로 옆방에는 여호와의 증인을 믿는 엄마와 두 딸이 살고 있었다. 모습도 좋았고 교양도 있어 보였다. 그런데 나중에 알게 된 사실은, 그 집 남편이 직업군인으로 특무대장이었고 비교적 윤택하게 잘 살았는데 어느 날 아내가 여호와를 믿게 되면서부터 그 종교를 믿으려면 총을 쏘는 직업을 가져서는 안 된다고 하였고, 군인을 포기하지 않는 남편과 결국에는 이혼을 하고 딸 둘을 데리고 나와 우리 옆방에 세 들어 살게 되었다고 했다.

그 엄마는 물질적으로나 육체적으로 고생은 하지만 그 종교를 택한 것은 행복한 일이라고 말했다. 매일 전도하러 열심히 나갔고 한 번씩 다른 신자들이 그 집에 찾아와 기도를 하기도 했다. 그때는 우리 모두 그 모습이 이해되지 않았다. 괜스레 그 딸들이 불쌍하게 생각되기도 하였다.

그러다가 어느 날 내게 다가와서는 "보현이 어머니! 참 좋은 가족들인데 영원히 이 가족들과 함께 잘 살고 싶지 않으세요? 영원히 죽지 않는 여호와를 믿게 되면 얼마나 좋겠어요? 이별 없는 영원한 행복이 바로 여호와의 만남입니다. 저를 따라 한 번만 마음을 내어 주면 안 될까요?"라고 했다.

나는 "죽음이 없는 세상은 없습니다. 그리고 나는 이미 생활 속에서 불교인으로 살고 있으니 고맙긴 하지만 미안합니다."라고 말했다. 이렇게 똑부러지게 대답을 했는데도 가끔씩 책을 들고 와서 내게 내밀며 "이 책을 한 번만 읽게 되면 왜 권하는지를 알게 될 것입니다."라고 나를 설득하려 애를 쓰곤 했다. 그때마다 나는 그 책을 도로 돌려주며 "우리 불교에 『팔만대장경』이 있는데 그 책을 다 읽고 난 다음에 기회가 된다면 한번 읽어 볼게요."라고 말했다.

그렇게 몇 년을 벽 하나를 사이에 두고 나는 경을 읽으며 기도했고, 그 방에서는 여호와를 찬탄하는 노래를 부르며 지냈다. 가끔 우리 집으로 스님이 오시는 날에는 불자들이 몰려와 법석을 이뤘고, 또 그 댁에는 여호와를 믿는 신자들이 몰려와 떠들썩하게 기도하고 찬송가를 불렀으니 한 울타리 안에서 있었던 재미있는 광경이었을 것이다.

여섯 가구가 한집에서 오순도순 살다가 차츰차츰 한 집씩 이사를 보내고 대문채도 새로 짓고 집도 새로 짓게 되면서 우리 가족은 독립된 집으로 살게 되었다. 계란 장사를 했던 분이네, 가내공업으로 공장을 했던 성구네, 젊은 회사원이었던 상진네와 강만이네, 용남이네 식구들과 우리 가족이 한 동네를 이루면서, 마당에 온기가 가득했던 추억의 집이다.

이사를 떠나고 몇 년이 지난 후였다. 여호와를 믿던 그 가족을 우연히 길에서 만났을 때 그 엄마가 위독하다는 소식을 듣고 일부러 찾아간 일이 있었다. 병명은 암이었고 더는 버틸 힘조차 없어 보였다. 나를 보고 무척 반가워하며 죽음을 받아들이지 못하는 모습이었다. 나는 분명한 말로써 그녀에게 말했다.

"이 세상에 태어난 모든 생명은 사람을 비롯해 그 어떤 생명도 죽지 않고 영원히 살 수는 없습니다. 그러나 죽지 않는 것은 마음이라고 하지요. 그 마음이 바로 영혼이라고 합니다. 몸은 자동차

와 같아서 오래되면 고장이 나고, 낡아지면 폐차를 하고 다른 새 차로 갈아타야 하지요.

옷이 떨어지거나 몸에 맞지 않으면 새 옷으로 갈아입는 것처럼, 계절이 바뀔 때마다 갈아입어야 하듯이 우리의 육신도 인연이 다하면 몸을 바꾸게 됩니다. 그러나 마음은 불에도 태울 수 없고 물에도 떠내려 보낼 수 없는 것이지요.

그래서 지혜가 생명입니다. 지혜를 배우고 지혜가 있어야만 더 좋은 세상, 더 좋은 몸을 받게 될 것입니다. 그러나 새 몸을 받게 될 때는 평생을 살아오면서 지은 선업善業이든 악업惡業이든 자기가 지은 업業대로 태어난다고 하지요.

지금 가시는 그 길이 어딘지는 모르지만 정신 차리고 기도하십시오. 여호와의 인연이 좋았으면 그 마음으로 기도하시고, 아니면 우리 불교에서 말하는 극락세계에 가기를 바라며 지금 이 순간부터 부지런히 나무아미타불을 외우시면 그 뜻을 이룰 수 있을 것입니다."

그렇게 불교 이야기를 들려드렸을 때 그녀는 두 손으로 내 손을 꽉 잡으면서 "보현이 어머니! 너무 고맙습니다. 진작 이 말씀을 들었어야 했는데 왜 그 뜻을 몰랐을까요. 이렇게 명쾌한 말씀을 듣고 나니 죽음이 두렵지 않네요." 하면서 지금이라도 만나서 너무나 다행이라며 감사하다는 말을 몇 번이나 하면서 무척 아쉬워했다.

그렇게 이생에서의 마지막 인사를 하고 돌아왔을 때 지난날 한 집에 살았던 추억으로 만감이 교차함을 느꼈는데, 이틀 후 돌아가셨다는 부고가 왔다. 엄마가 세상을 떠나고 남겨진 두 딸들이 아빠와도 이별한 채 살아가야 하니 마음이 짠했다.

우리는 왜 절에 가는가? 일상생활에서 느낄 수 없는 경건함과 신선함을 느끼고 믿음에 대한 바른 신념이 신심으로 더욱 견고해지기 때문이다. 왜 집에서도 불상이나 그림으로라도 부처님을 모셔야 하는가? 눈에 보이지 않는 불심佛心을 깨워 주기 위함이고, 한 번 바라볼 때마다 한 번의 염불이 되고 기도가 되기 때문이다.

속담에 '눈에서 멀어지면 마음도 멀어진다.'는 말처럼 보이지 않는 곳에서는 자칫 불심이 잠겨 있고 아심我心으로 굳어지기 쉽기 때문에 부처님의 형상을 가까이에 두고 나를 길들이라는 뜻이리라. 불상이 부처가 아니고, 그림이 부처가 아니고, 글이 부처가 아닌데도 나는 그 우상偶像 앞에 절을 하고 실상實相을 만난다.

눈에 보이는 모든 것들 중에
나 아닌 것이 없어라

　어느 날 아침, 산속 오솔길을 걸어가는데 어떤 사람이 내 앞을 걷다가 가만히 있는 돌멩이를 발로 툭 차서 멀리 날리는 모습을 보았다. 그 순간 왜 내 마음이 아팠을까? 가뜩이나 길에 놓인 돌은 오가는 사람들의 발길에 수없이 밟히고 차여 자꾸만 닳게 되는데, 내가 돌이 되어 버린 기분이었다.

　산길을 따라가는 동안 수많은 나무와 꽃과 풀을 보면서 모두가 내 몸처럼 느껴지니 나뭇잎 하나도 살갑게 쓰다듬게 되고, 지나가다 큰 소나무를 만날 때면 두 팔을 크게 벌려 안아도 보고, 높은 나뭇가지에 올망졸망 달려 있는 솔방울과 푸른 잎들을 들여다보게 된다. 이 어찌 사랑하지 않을 수 있을까? 작은 연못 속의 물고기 떼들이 새끼들을 데리고 나와 유유히 노니는 모습에도 미소가 번지니, 멈춰진 시간 속의 내 모습이 물그림자로 비치어 물고기 떼와 함께 있더라.

옛날에는 비둘기 집이 높이 지어져 있어서 사람들이 지나갈 때면 한 무리씩 내려와 손바닥에 놓인 모이를 쪼아 먹으며 사람들과 함께 놀곤 했는데, 지금은 조류가 전염병을 옮긴다고 하여 그 보금자리마저 헐어 없애 버리니 이제는 땅의 새가 되어 작은 모래알을 삼키는 모습을 보게 된다.

또 여기저기 고층 아파트를 짓기 위한 재개발로 옛집들이 사라지면서 한때 사랑받던 개와 고양이들이 버려져 갈 곳을 잃고 산속을 이리저리 뛰어다니며 먹이를 구하는 모습을 볼 때면 무섭기도 하지만 한편으로 불쌍하다는 생각에 편치 않은 마음이 되어 집으로 돌아오곤 한다. 생각해 보면 세상의 모든 존재는 자기가 있는 곳, 자기의 터전을 좋아한다. 마치 우리들이 집을 가장 편히 쉴 곳으로 생각하듯이 말이다.

나는 언제부터인가 기차를 탈 때도 버스를 탈 때도 또 택시를 탈 때도 언제나 마음속으로 기도하는 습관이 생겼다. '사고 없이 모든 손님들을 목적지까지 잘 태워 주고 차가 해야 할 일을 잘 수행하기를, 운전하는 기사님도 보람과 행복으로 살아갈 수 있기를….' 하는 마음으로 빈다. 그뿐이겠는가! 모든 사물에는 자기

몫의 역할이 있는 법, 아무 탈 없이 잘 해내길 바라는 마음의 기도가 아니겠는가.

요즘 즐겨 가는 도반의 차실 뜰에는 가지가지 꽃들이 가득 피어 있다. 너무도 아름답고 사랑스러워 사진으로 담으면서도 눈을 뗄 수가 없다. 긴 마당길 옆으로 가지가지 색들의 수국과 원추리, 풍차꽃, 치자꽃, 능소화, 바늘꽃 등 이루 다 외울 수 없는 온갖 종류의 꽃들이 웃으며 맞이해 준다. 잘 익은 살구와 자두, 매실까지 그냥 보기 아까워 사진으로 담아 볼 때마다 벅찬 행복을 느낀다.

놀라운 일은 흔히 잡초라며 대접받지 못하던 강아지풀이 뜰 한쪽에 피어 있는데, 어릴 적 가지고 놀던 추억이 떠올라 고향 친구라도 만난 듯 반갑고 사랑스러워 보인다. 아마도 운이 좋아 뽑히지 않고 살아남은 은혜를 아는지 애교가 있고 재롱스럽기도 하여 한가득 꺾어 와 화병에 담아 부처님 전에 올렸다. 오래도록 꽃꽂이 살아 있는 모습을 보고 있노라니 생명의 신비로움과 아름다움이 느껴졌다.

어느 날 새벽 기도 시간에 마침 새로 나온 『불교성전』이라는 책을 읽었다. 그중 보살의 모습을 갖추기 위해서는 일체 모든 생명을 사랑하고 소중히 여기는 마음을 가져야 한다는 대목에 한참 동안이나 눈길이 머물렀다. 그 구절을 가슴속에 새기느라 몇 번이나 읽고 또 읽었다. 흔히 스님들의 법문을 들을 때면 이미 내가 다 알고 있는 이야기 같은데도, 실천 없이 잠재되어 있었던 것을 다시 듣게 되면 새삼 감동하여 고개를 끄덕이는 것과 마찬가지인 것 같다.

한 번 갔던 길보다 몇 번 다녀 본 길이 더욱 익숙하고 쉬운 길이 되는 것처럼, 아직 익지 않은 우리의 보살행에 수행修行의 덕목을 갖추신 스승과의 만남은 얼마나 크나큰 복福이며 덕德인지 모른다. 이러한 모든 것이 가장 수승한 인연 공덕으로 나를 지키고 우리를 키운다면 이보다 더 큰 은혜가 또 어디에 있을 것이며, 이보다 더 큰 수행의 재산財産을 또 어디서 얻을 것인가 싶다.

믿음[信]과 계율戒律을 지키고 양심良心과 수치심羞恥心을 알게 되는 재물과, 많이 들음으로 알게 되는 재물과, 보시布施의 재물, 지혜智慧의 재물, 이 일곱 가지의 재물을 스스로 잘 수용하여 참된 불자로서의 소명과 긍지를 가진다면 나는 나를 가장 큰 믿음이라 할 것이다.

우리의 마음이 전파를 타고 방송이 된다면 세상 사람들이 내 모습을 어떻게 바라보게 될까? 날마다 시간마다 내게 돌아올 나의 인과因果를 알게 될 것이니 무섭고도 두려운 일이 아닐까? 앞서 말한 보살의 마음으로만 살아갈 수 있다면 돌을 던진 여울물처럼 행복한 과보로 다가와 잔잔히 퍼질 것이다.

불법佛法의 향기는 세상 어디에든 골고루 차별 없이 퍼져 있지만 내게 담겨 있는 진한 탐심貪心과 진심瞋心, 어리석음[癡心] 때문에 받아들이지 못하고 느끼지 못할 뿐이다. 인생이 아무리 길다 해도 백 년을 채우기 어렵지만, 부처님을 만난 이 귀하고도 소중한 복의 시간이 내게 있다는 것은 얼마나 큰 은혜이고 기쁨이랴. 날마다 해는 뜨지만 어제의 해는 다시 만날 수 없고, 내일은 반드시 오지만 바랄 수 없는 미래가 아니던가!

 오직 오늘, 지금, 이 순간에만 볼 수 있고 할 수 있는 일이니, 후회도 미룸도 없는 실천으로 노력해야 할 뿐이지 않겠는가. 어두운 밤이 지나면 분명히 내일은 또다시 밝은 아침이 오고야 말 테지만, 우리는 오늘 밤도 달님께 참회의 고백을 하고 별처럼 다정한 꿈을 꾸면서 해처럼 강렬한 정진의 삶이 이루어지길 발원하는 합장을 하리라.

 다시금 세상 모두가 한 이불을 덮고(하나의 하늘을 이고) 살아가는 가족임을 잊지 말았으면 좋겠다. 만나는 모든 존재를 내 몸으로 알아 아끼고 사랑하며 살아갈 때 진정 아름답고 향기로운 세상이 될 것이다.

내 마음은

허공이네
내 마음은.
아무 것도 없는 빈 하늘이네.
새들도 날아가고 구름도 흘러가네.
내 마음은
빈 들이어라.
보리도 심고 벼도 심는 빈 들.
내 마음은
넓은 운동장.
아이들이 축구도 하고 유희도 하는 운동장.
내 마음은
넓은 바다.
언제나
고기 떼가 놀고
해초가 자라는 곳.

부처님 도량 아닌 곳이 없어라

    그동안 꾸준히 해 오던 수영을 잠시 그만두게 되어, 대신에 아침마다 남편과 함께 가벼운 운동 삼아 집에서 가까운 금정산으로 산책을 가게 되었다. 산을 오르는 동안 우리는 손을 꼭 잡고 천수경도 외우고 반야심경도 외우고 법성게와 화엄경 약찬게도 외우면서 천천히 길을 걷는다.

    코스는 항상 같은 길로, 제일 먼저 금강사 절을 만나게 된다. 바깥에서라도 부처님을 향해 삼배의 예를 올리고, 조금 더 오르다 보면 소림사라는 작은 절이 있다. 마찬가지로 길목에서 삼배의 예를 올리고, 나무와 풀 향이 가득한 오솔길을 따라가다 보면 평평하고 작은 등성이를 만나게 된다. 이곳에서 우리는 가벼운 체조와 운동을 하고 바위에 등을 기대고 한참 동안 하늘을 바라

보고 있노라면 짙은 소나무의 가지가 서로 만나 하늘을 덮고 있고 상쾌한 솔 향기가 가득하다. 준비해 간 차 한 잔을 산신山神님께 올리고 우리도 평상에 앉아 차를 마신다. 무념無念의 행복을 누리게 된 지금의 시간에 머물곤 한다.

언제나 새벽에 일어나 우리 집 부처님께 예배하고 산으로 가는 길은 모두가 도량청정道場淸淨으로 훌륭한 기도 터가 되어 부처님 마음으로 가득하다. 젊어서는 이런 여유를 생각도 못했는데, 이 또한 부처님을 닮으려는 서원이 함께하기에 가능한 일이 아닐까 싶다.

산의 울창한 나무만 보아도, 넉넉히 앉아 있는 바위만 보아도 마음만은 부자가 된 것 같다. 철 따라 피는 꽃들의 잔치에 초대 받은 기분으로 조심히 나뭇잎 하나하나를 읽어 보고 느껴 보니, 보고만 지나쳤던 나무와 풀들의 이름을 하나하나 배우면서 나는 요즘 식물학자가 되어 가는 기분이다.

오늘 아침에 만난 하얀 으아리(일명 시계꽃이라고도 하는) 꽃과 귀여운 은방울꽃, 황매 등 식물도감을 외고 있는 남편으로부터 이름을 알게 되니 불러도 주고 만져도 보며 살펴보게 되었다. 내가 좋아하는 큰 소나무들은 거북 등 껍질을 입고 있어 참으로 멋스럽다. 껴안아도 보고 소원도 빌어 본다.

바위 모양도 여러 가지인데 유난히 큰 바위만 보면 왠지 부처님을 그려 보고 싶다. 오가는 많은 사람들 가슴에 믿음과 신심을 심어 주고 싶은 내 욕심에 부처 바위로 이름 짓고 싶다. 또 거북 모양의 바위도 있다. 어느 날 아주 어린 꼬마 아이가 엄마를 따라 거북 바위를 향해 작은 손을 모아 합장하던 그 모습이 너무나 예쁘고 사랑스러워 잊히지 않는 그리움이 되었다. 이처럼 행복했던 아침의 모습들은 나를 미소 짓게 했고 아름다운 시간들이었다.

물이 맑은 작은 연못에는 지금 한창 도롱뇽들이 알을 낳아 마치 도넛을 던져 둔 것처럼 무리로 쌓여 있고 올챙이로 자라고 있다. 자연의 신비가 느껴지는 이 시간은 무단히 걷는 운동이기보다 내가 나를 바로 볼 수 있는 정진의 시간인 것이다. 잠든 내 영혼을 깨우니 우물 안 개구리가 아닌 세상 속에 동참한 나를 보고 있음이다. 일중일체다중일一中一切多中一, 일즉일체다즉일一卽一切多卽一의 의미가 읽어지게 되었다. 이렇게 아름다운 도량을 따라 소중한 행복을 안고 집으로 오는 길에 작은 시비詩碑에 새겨진 짧은 시를 읽는다.

꽃씨 속에는 파아란 잎이 하늘거린다.
꽃씨 속에는 빠알가니 꽃도 피어서 있고
꽃씨 속에는 노오란 나비 떼가 숨어 있다.

최계락 시인의 「꽃씨」라는 시이다. 어쩌면 이렇게 짧은 문장 속에 불변의 진리이자 자연의 섭리를 다 담았는지, 볼 때마다 최계락 시인의 따뜻한 마음이 느껴진다. 이 시비를 지나면 금정사 절이 다시 나온다. 이곳을 향해 한번 더 절을 올리고 나면 아침 삼사三寺 순례는 끝이 난다.

우리 인간 모두는 크게 보면 한 이불을 덮고 살아가는 한 가족이고, 우주에서 볼 때면 우리 모두는 하나의 몸이 아닌가 싶다. 자동차 하나하나가 살아 움직이는 한 생명으로 역할을 하지만 멈추어 하나하나 따로 보면 모두가 부속품에 불과할 뿐이듯, 이 몸도 나[我]라는 이름 속에 평생을 살지만 내 머리가 내가 아니며, 내 팔이 내가 아니며, 내 몸통도 또한 내가 아니니 내가 어디에 있는지 알 수 없지 않은가. 그러다 세상을 회향하게 되면 지금의 내가 아닌 또 다른 내가 되어 만나야 할 것이다.

나의 의지처였던 인연

　세상 모든 것이 인연으로 만나고 인연으로 헤어지는 것이 진리인데도, 만났을 때와 헤어져야 할 때의 순간에는 정반대로 극과 극이 되는 상황을 느끼며 살게 된다. 팔십 평생을 살아오면서 가까운 가족으로 만났다가 떠나보내는 슬픔도 겪어 왔지만, 부처님 도량에서 나와 이어진 인연들은 참으로 가족만큼이나 소중한 인연들이었다. 특히 큰스님들과의 인연은 나에게 빛이었고, 스승님들의 은혜 속에서 한평생 행복했다.

　그러나 큰 가르침의 의지처였던 지난 시절의 어른스님들이 지금은 거의 다 열반에 드시고 어느덧 내가 가야 할 차례가 된 것이다. 그런데도 나는 우리나라에 영원한 불국토가 이뤄지길 비는 마음이 너무나 간절하여, 불교를 수호하고 절을 지키며 중생제

도에 마음 바친 스님들 한 분 한 분 모두에게 고마움과 감사함을 잊지 못하고 존경하는 마음이다.

지금도 곳곳마다 큰스님들이 달빛 같은 큰 존재로 이 국토를 밝혀 주고 계신다는 믿음만으로도 든든하고 불교의 길잡이가 되어 주심에 감사한 마음인데, 요즘 들어 큰스님들이 잇따라 원적에 드셨다는 소식을 접할 때마다 너무나 큰 충격이고 슬픔이 되어 가슴속을 타고 흐르는 눈물을 감내해야 했다.

얼마 전 우리나라의 대강백 스님이자 선사셨던 혜거 큰스님께서 입적하셨다는 소식에 말로써 표현할 수 없는 황망함과 놀라고 슬픈 마음을 가눌 길이 없었다. 늘 신문이나 방송에서만 뵈었고 꼭 친견하기를 소원했을 뿐 스님을 특별히 가까이서 뵙거나 모시지를 못했는데, 2018년에 열린 제30회 대한불교조계종 포교대상 시상식에서 혜거 큰스님과 나란히 단상에 올라 같은 상을 받게 되었을 때 나는 감히 이렇게 훌륭하신 큰스님과 함께하는 순간이 있으리라고는 상상도 해 본 적이 없었던 일이었다. 지금 생각해도 너무나 황송하고 죄송하게만 느껴졌던 그때를 잊지 못한다.

그 후 금강선원 혜거 큰스님 주최로 한강 걷기 명상을 기획하셨을 때 일부러 스님을 만나기 위해 서울 개포동 금강선원에 간 일이 있었다. 소박한 스님의 처소에서 인자하신 미소로 반겨 주셨는데 그때도 붓글씨를 쓰고 계셨다. 함께 기념사진도 찍고, 스님께서 출가하신 후 행자 시절의 이야기도 들려주셨다. 염불을 할 줄 몰라 공양주 보살에게서 염불을 배우고 대신 공양주 일을 거들어 드렸던 이야기와 탄허 큰스님으로부터 화엄경을 배웠던 행운도 말씀하셨다. 옛 시절의 아련한 추억들을 들려주실 때의 스님 모습은 너무나 맑고 순수한 백지白紙의 그림이었고 천진불이었다.

  탄허 큰스님의 기념관을 이루신 기적 같은 불사도 홀연히 보현보살의 화현인 양 회향할 수 있었던 이야기도 해 주셨다. 그 말씀들을 나는 아직도 다 기억하고 있는데…. 스님의 일상생활이 늘 바쁘셨고 나는 서울과 부산이라는 먼 거리 때문에 자주 뵐 수가 없었기에 TV에서 하시는 법문이나 뉴스로만 뵙게 되었고 가끔 전화로 안부를 여쭈었을 뿐이다. 문자를 올릴 때마다 스님께서는 답장을 꼭 해 주셨다.

  이제는 이마저도 끝이 나 버린 세상 인연이기에 무심히 흘러간 시간은 방심이 되어 버린 것이다. 무엇이 소중한지를 왜 지난 후에야 절절히 느끼게 될까? 활활 타오르는 불길 속에서 스님의 법체가 녹아내리는 순간을 화면으로 볼 때 슬픔은 큰 아픔이 되었다. 스님의 왕생극락을 발원하며 슬픈 조사弔辭를 읽으시는 많은 스님들의 발원처럼 속환사바速還娑婆하시기를 나도 함께 간절히, 간절히 기원하며 합장했다.

하늘의 해가 구름을 시비치 않고

하늘의 해는
해를 가린 구름을 탓하지 않고
달빛을 가린다고 달이 시비치 않는다.
머물지 않고 흘러가는 구름은 흘러갈 뿐이다.
산에 내리는 비도 산이 막지 못하고
바다에 내리는 비, 바다도 거절하지 않는다.
아카시아 꽃 속에 벌이 꿀을 따 가도
꽃은 꽃만 피울 뿐 시비치 않는다.
세상의 땅과 하늘은 그 누구도 차별하지 않는다.
좋은 사람도 나쁜 사람도 같은 시간을 주며
같은 품에 안고 있다.
다만 사람이 근기에 따라
스스로 자신의 길을 선택했을 뿐이다.

시작이 있으면
끝이 있어야 하는 법

 젊어서부터 불교가 좋아서, 부처님이 좋아서, 스님들이 좋아서 내 삶의 모두를 바쳐 살았다고 해도 거짓된 말이 아니리라. 처음부터 언제까지라는 계획이 아닌 그냥 그 삶을 즐기며 행복했었다. 모임을 만든 후 함께해 준 많은 인연들이 있었기에 가능했던 일들이었다.
 제일 먼저 연꽃모임을 만들었고, 진주 응석사 부처님 전 공양회도 만들었고, 일타 큰스님과의 인연으로 해인사 지족암 공양회도 만들어 작은 보시금을 모아 복 짓기의 일환으로 신심을 키웠고, 작은 장학회를 만들어 가까운 스님들과 인연 있는 대학생들에게 등록금 동참도 하며 부단히 노력했었다.

부산 불교의 신행 단체로서 연꽃모임을 만들어 각종 행사마다 함께하는 마음으로 동참하였고 부산에서 최초로 단체복 착용과 합창단도 결성하여 각종 행사에 초대받기도 했으며, 보현봉사회를 결성하여 주변의 어려운 이웃과 함께한다는 마음으로 교도소에 위문을 가는 등 갖가지 어려움이 있는 곳을 찾아 다녔다. 다 하지는 못했지만 못 본 채로 지나치지 않았던 것만으로도 다행히 스스로 위로를 얻기도 했었다.

군법당 후원회를 결성하여 매달 작은 금액이지만 마음을 함께하였던 지난날들을 생각해 보니, 그 당시 우리는 금송아지를 키우는 것처럼 가슴에 훈훈한 기쁨을 느꼈고 지금은 아름다운 추억이 되어 행복한 가슴으로 미소를 짓게 된다. 이 모두가 내가 아닌 우리가 했기 때문이다. 또 공림공양회를 만들어 인연 있는 절마다 대중공양의 공덕을 이루기 위해 먼 길 마다 않고 다녔던 우리들의 모습은 늘 감사하고 감격이었고 즐거움이었다.

그랬던 우리가 점점 나이가 들어 늙음을 이길 수가 없어 모임을 하나둘 회향하게 되었는데, 공림공양회 회향으로 떠난 마지막 장소가 계룡산 국제선원(외국인 스님들이 수행하고 계시는 절로서 이곳에서 현각 스님과 무심 스님께서도 수행하셨다)이었고, 이곳에서 외국인 스님들이 드시기 힘든 음식으로 수행하시는 모습에 차마 외면할 수가 없어서 다시 또 이어서 시작된 공양회가 벌써 몇 년이 흘렀는데 이마저도 내년 연말까지가 목표이니 나는 잠시도 가만 있지 못했던 것 같다.

2003년 3월부터 소림사 신도회장직을 맡으면서부터도 제일 먼저 소림청심장학회를 결성하였다. 작은 도움이지만 '받는 불교'에서 '주는 불교'를 인식하게 하고 싶은 나의 작은 소망이며 서원이기도 했었다.

마지막으로 꼭 하고 싶었던 내생장학회(다음 생에도 무식하지 않기 위해 만든 기도회)를 결성하여 770명의 명단으로 하루도 빠짐없이 가는 곳마다 기도하기를, "세세생생 부처님 회상에 태어나길, 좋은 가문 좋은 부모형제 좋은 일가친척과 친구를 만나길, 많이 배우고 많이 알게 되길, 스스로 훌륭한 인격과 인품으로 모든 사람들로부터 사랑받는 사람이 되길, 지혜가 총명하여 모든 사람들의 스승이 되길, 육바라밀을 잘 실천하고 사홍서원을 이루게 되길" 발원함이 평생의 숙제로 삼아 하게 된, 마지막까지 내가 해야 할 약속이 되었다.

욕심이 많았던 나의 지난날

젊어서부터 많은 사람들을 이끌고 먼 절 큰스님들을 친견하여 법문을 청해 들으며 행복해하는 회원들을 보아 왔다. 그때마다 이 일은 꼭 내가 해야만 한다는 사명감으로 늘 지치지 않는 마음이었다.

심지어 그때는 밥도 국도 집에서 준비하여, 가는 도중에 아침밥을 먹여 가며 다녔다. 또 과일과 간식 모두 혼자 준비했던 것도 가능하면 남을 시키지 않고 나의 작은 수고로 모두가 편한 나들이가 되기를 바라는 마음에서였다. 흔들리는 차 안에서도 내 손으로 과일을 깎아 나누어 줄 때 행복해하는 모습들이 나에게는 기쁨이자 즐거움이었고 보람이었기 때문이다.

가며 오며 기도하는 법회였기에 소중한 추억으로 더욱 잊지 못한다. 돌아오는 차 안에서 모두가 편히 잠들어도 나만은 운전하는 기사님의 눈을 지켜야 했지만, 단 한 번도 피곤하다고 느끼기보다 다녀올 때마다 더 굳건한 신심과 원력으로 신이 나고 즐거웠던 것도 새로운 인연들이 불교를 알아 가는 모습을 보았기 때문이었다.

그때 나는 매일 새벽 기도 때마다 나와 인연 있는 모두를 위해 축원했고, 매일 평균 열 명 정도 내 집에서 점심을 대접해 가며 절 이야기, 부처님 이야기, 스님들 이야기로 항상 법회의 장場을 열었다. 특히 큰스님들이 오시는 날에는 좁은 현관에 신발 위에 신발이 쌓일 정도로 사람들이 운집하였으니, 그때마다 불심佛心의 도량이 점점 넓어지는 보람을 성취했다.

아침마다 남편이 출근하고 아이들이 등교한 후에는 하루도 빠짐없이 사경 기도 발원으로 『금강경』, 『부모은중경』, 『능엄경』 등을 사경하여 책으로 만들어 전국 사찰마다 수만 권씩 법보시를 했던 그때의 열정은 지금 생각해도 스스로 잘한 일이라고 칭찬하고 싶은 일이기도 했다.

그때는 사경하는 사람이 거의 없었을 때여서 너무나 많은 인연들을 만나게 되었고 그로 인한 수많은 일화가 있지만 그중 전국 각지의 많은 불자들로부터 감사 전화를 받거나 찾아오는 사람들도 있었으니 그 고마움이 은혜였고 보람의 공양이며 가피로 이루어진 최고의 선물이었다.

  이런 생활 속에서 불교를 함께 배우고 공부하기 위해 빨래와 청소는 잠이 오는 늦은 밤에 할 정도로 부지런해야 했고 게으를 수 없는 노력이 필요했던 때였다. 그랬던 젊은 시절의 시간이 지나갈 무렵부터 소질은 없지만 취미로 백화점 문화센터에서 운영하는 문인화 수업에 등록하였고, 그림을 그려 온 지 10년이 훨씬 지난 지금까지도 그림 그리기는 나에게 작은 즐거움이 되었다. 운동이라고는 아무것도 한 것이 없었는데 그나마 수영은 내게 맞는 운동으로 즐기는 편이 되었다.

  『현대불교신문』에 2년간 연재를 하게 된 것도 글을 잘 썼기 때문이 아니라 어떤 인연으로 시작하였는데, 참으로 겁 없고 용감했었다고 회상할 때마다 혼자 있어도 부끄러워지곤 한다. 그래도 그 시간 속에서 많은 수련과 배움의 기회가 있었으니 너무나 감사했던 큰 은혜로 기억하며 과분한 행복이었다고 생각한다.

  그러나 지금까지 포기를 모르고 살아온 나 자신을 돌아보며 이제는 다 내려놓고 정리해야 할 때라고 생각한다. 그토록 아끼고 좋아했던 붓과 화선지를 보며 가지고 있는 이 화선지만큼 경을 다 쓰고 그림도 다 그린 다음에 마무리를 하고 싶다고 다짐했지만, 이 또한 나의 욕심이리라.

백중 기도로 만나는 영가님들

해마다 7월 백중이 다가오면 100일 또는 49일, 아니면 삼칠일 기도를 해서 백중날 회향하는 것이 예부터 절집의 큰 행사 중 하나였으며, 이는 불교의 한 역사이자 문화가 되었다. 올해도 예와 다름없이 나는 절에 가서 시댁과 친정의 조상 영가님들과 부모 형제의 이름을 적어 올렸고, 오래도록 함께했던 모임의 회원 영가들의 이름도 올렸다. 올해는 일요일마다 재단을 꾸며 갖가지 과일이며 공양을 올리고, 스님을 따라 절을 하고 『금강경』을 읽으면서 먼저 가신 영가님들을 위로하며 왕생극락의 길을 일러 드리게 되었다.

영가님들 중에 내가 한 번도 만나 본 적 없는 위패 앞에서도 잔을 올리고 절을 하며 부디 이 자리에 오셔서 스님의 염불을 들으시고 저희가 정성으로 올린 떡과 과일, 여러 가지 공양을 즐겨 드신 뒤 부처님 세상에 드시옵길 발원하는 의식을 마친 후에는 어쩐지 내 마음부터 홀가분하고 행복해지는 느낌이니 마치 할 일을 했다는 보람이 느껴졌다.

반면 내가 기억하고 있는 내 어린 시절의 인연들 중 나를 무척이나 아끼고 사랑해 주시던 할아버지와, 일찍이 많은 자식을 잃고 당시에는 '노망'이라는 이름의 정신분열로 고생하시던 할머니의 모습과, 아버지와 어머니의 모습, 또 언니, 오빠들의 얼굴이 떠오를 때면 가슴이 먹먹해지고 그냥 눈물이 하염없이 흘러내린다. 나이와는 상관없는 지난날의 그리움 때문에 흘린 슬픈 추억의 눈물이었다.

문득 이런 황망한 상상을 해 본다. 만약에 내 부모님을 사흘만이라도 나와 함께 있게 해 준다면 얼마나 좋을까? 하루는 제일 먼저 부모님께 평생 한 번도 타 본 일이 없으셨던 비행기를 태워 서울까지라도 다녀오고, 또 내가 운전하는 자가용 차로 가고 싶었던 절에도 가고, 법당에 들어가 함께 절도 하고 법문도 듣고, 좋아하는 모습을 사진으로도 찍고, 최고로 맛있는 식당에 가서 밥도 같이 먹고, 또 백화점에 가서 좋은 옷을 사 드리고, 우리가 살고 있는 집에도 모시고 와서 보여 드리고 싶다.

부모님께서 "고맙다, 고맙다! 내 딸 덕분에 세상 구경 참으로 행복했다."라고 하신다면 얼마나 좋을까? 혼자의 상상만으로 커다란 행복에 빠져 들었다가 정신을 번쩍 차리고 보니 나는 지금 이 자리에서 꼼짝도 않았는데 이렇게 허망하고 부질없는 망상을 하면서 긴 시간 혼자 웃고 혼자 울면서 그리워하고 보고 싶어 했었다. 참으로 허탈하고 쓸쓸한 나를 느껴 보았다.

내 위로 언니와 오빠가 있어서 나를 업어 주고 예뻐해 주었던 내 어린 시절은 참으로 행복하고 아름다운 시절이었다. 추억이란 각자가 자기만의 가슴속에 묻어 두고 가끔씩 홀로 꺼내 보는 인생 이야기가 아닐까?

어렸을 때 어른들이 자주 하시던 말을 지금도 기억하는데 "그 길이 멀고 멀어, 한 번 가면 다시는 돌아올 수 없는 저승길인데, 있을 때 잘해야지…."라고 하던 말이 있었다. 막상 이별이 있기 전에는 알 수도 없고 느껴 보지도 못했던 그 단어가 지금 우리들이 사용하는 유행어가 되어 버렸다.

사실 부처님께서 윤회와 인과의 말씀을 누누이 말씀하셨듯이 어찌 보면 이미 수십 년 전의 그때 그 조상님들이 아직도 영가로 남아 있기보다 다시 태어나고 또다시 태어나기도 하여 윤회의 길에 들어 인과의 삶을 살고 있지 않을까 하고 생각한다면 굳이 재를 올릴 필요성이 있을까 싶겠지만, 우리가 세상에 사람으로 태어나 그 많은 조상들의 인연으로 그 가문의 후손이 되어 살아가면서 조상님들의 존재를 절대로 잊어서는 안 될 도리가 아닐까 싶다. 그래서 이런 정성의 축원 속에 은혜를 되새기고 나의 존재에 대한 정체성과 자부심으로 더 소중한 인생으로 발전시킨다면 저절로 효심의 공덕이 되리라 믿는다.

오늘 내가 올리는 이 예배 공양으로 모든 영가님들이 귀와 눈이 밝아져 윤회의 고苦를 벗어나서 금강 같은 지혜의 세상을 만나시길 다시금 지심정례至心頂禮 드리고 있다. 지금 나도 눈에 보이지 않는 세월의 배에 실려 흘러가고 있는 중이니 언젠가 누구의 조상이 되어 저 자리에 앉아 있게 될 것이다. 시간은 찰나! 찰나로 변해 가고 있으니 지금 이 순간을 놓치지 않는 내가 되어 아름답게 회향되길 발원하며 나를 위한 기원도 잊지 않는다.

백중에 부르는 나의 노래

내가 잘 가는 차실 마당에는
하얀 백합꽃들이 나팔이 되어
입구에서부터 빵빠레 노래로 반겨 준다.

가늘게 키가 큰 바늘꽃 나무가 길목을 안내하고
하얀 나비 떼가 여기저기 너무 좋아서
앉을 자리를 찾지 못한다.

백일홍과 백일백, 백일보라 꽃들이
가지마다 자기 색으로 피어나니
갓 시집온 새아씨처럼 사랑스럽다.

능소화꽃들이 넝쿨 되어 피고 지고 피고 지고
무더위를 알리는 매미 소리는 지휘자가 없어도 합창을 하고
푸른 하늘 흰 구름은 머문 듯 유유 적절히 즐기고 있어라.

호수의 은빛 물결이 눈이 부시도록 반짝이니
파란 고추 붉어지며 매운맛 보라 하네.

넝쿨째 드러누운 호박들이
뜨거운 뙤약볕 일광으로 묵묵히 수행하니
하얀 분을 뿜어내고 있어라.

새벽이슬이 연잎에 앉아 칠보의 보석 되어
아침 햇살에 놀다가
보는 이 없을 때 홀연히 사라져 자취를 감추니
어느새 해가 중천에 떠올랐어라.

감나무에 감이 대추나무에 대추가 열렸을 때
무화과나무는 꽃도 없이 열매가 열어 익음을 드러내니
눈 밝은 새들이 단맛과 향기 먼저 알아
일가친척 권속 다 불러 모아 파티를 즐기네.

파초 잎들은 바람 따라 시원한 부채가 되어
발 아래 작은 꽃들에게 더위를 식혀 주니
때 아닌 찔레꽃 시샘으로 붉어진 얼굴을 내밀고
내게도, 내게도 바람을 기다리며 사정하고 있어라.

하늘도 땅도 바다도 허공도 언제나 여여如如한데
사람이 오고 가니 세 든 주인이 바뀌고 있을 뿐,
왔으면 가야 하는 이치는 당연한 진리라는 것을.

인연 속에서
삶을 배우다

'언젠가는'이라는 단어를 자주 써 왔다.
그런데 시간은 보장할 수 없다.
지금부터 짬짬이 내 원을 행하고 살아야겠다.
자연과의 만남은 있는 그대로,
사람과의 만남은 진실과 사랑의 마음으로.

법향이 가득한 미담

작은 텃밭에 뿌려 둔 무씨에서 싹이 나더니 지금은 제법 동치미 무만큼이나 자라나 있다. 생전 농사를 모르던 내게는 참 신기하고 고마운 일이 아닐 수 없다. 시금치 씨앗도 그냥 흙 속에 심어 뒀을 뿐인데 무거운 흙을 밀고 세상 밖으로 모습을 나타내니, 세상에 어찌 조상 없는 생명이 있을까? 사람의 근본을 따지고 가문을 보는 것도 자연과 다를 바 없이 가문마다 역사가 있기 때문이다. '왕대밭에 왕대 난다.'는 속담도 있지 않은가!

오늘 도반들과 차를 마시며 담소를 나누던 중에, 어머니로부터 받은 참된 사랑과 참된 삶에 대한 이야기가 나왔다. 한 효자 아들의 가족들이 훌륭한 어머니의 삶을 그대로 따르고 실천했다는 실화는 부러움을 넘어 감동을 주었다. 팔순의 아들이 얼마 전 돌아가신 104세 어머니에 대한 사랑과 사무친 그리움으로 지난날을 이야기할 때, 우리 모두의 가슴까지 먹먹해지는 아름다운 순간이었다.

생전에 그의 어머니는 젊은 시절 혼자의 몸으로 아들딸을 위해 살아오면서도 걸음걸음 기도를 놓치지 않았고, 지극한 정성으로 소원을 빌었던 그 공덕이 가피가 되어 금생의 소원을 다 이루신 영험한 이야기였다. 아들의 성공에도 어머니의 지심至心이 통했고 그 은혜로운 보답으로 자비행을 실천하신 대보살의 삶을 사셨다.

게다가 그 어머니는 일가친척들을 두루 살피셨고 그중 한 조카의 어려운 사정을 보고는 살던 집까지 내어 줄 정도로 쉽지 않은 보살행을 실천하셨으며 원력이 대단한 분이셨으니, 구구절절 버릴 것 없는 교훈이었다고 아들은 말하였다.

평소 어머니의 말씀에 따라, 돌아가신 후에는 일가친척에게조차 알리지 않았고 직계 가족만 모여 조용히 장례를 치렀으며 조의금은 아예 받지 않았다고 한다. 심지어 장례가 끝난 후 어머니가 마지막으로 주고 가신 선물이라며 봉투를 만들어 일가친척들에게 일일이 하나씩 나누어 주었다는 말을 듣고 너무나 큰 감동과 놀라움을 느꼈다.

나중에 알게 된 주변의 인연 있는 모든 이들은 서운함을 내비치기도 했지만, 사회적으로도 덕망 있는 지위에 있는 이 가족의 사려 깊은 뜻이 감동을 남긴 사례가 되었다고 한다. 남의 말로 듣고 보면 쉬운 일 같지만 누구든 실천하기가 그리 쉽지 않은 일이기에 참으로 전설 같은 이야기였다. 불자인 나도 부끄러움과 부러움을 느꼈다.

그 아들 부부는 현재의 모든 삶이 어머니의 뜻이었고 선물 같은 가르침에 어긋나지 않게 살아갈 뿐이라고 했다. 아들은 늘 "어머니는 내 인생의 스승님!"이라고 염불처럼 외고 떳떳이 말한다고 했다. 복이라는 생각으로 복을 짓는 것이 아니라 복이라는 생각을 두지 않고 그저 일상이 복이 되는 삶으로 베풀며 살고 있으니, 고기가 물속에 살면서 물인 줄 모르고 살듯이 이 가족들도 복 속에 살면서 복을 의식하지 않고 그저 복이 되는 삶을 살아간다고 느꼈다. 이 모두는 효심孝心이 만들어 낸 한 가족의 희귀稀貴한 성공 이야기였다.

부모라면 누구라도 다 은혜가 깊은데 그보다 더 큰 가르침을 남기신 그 어머니의 생전 모습을 보았을 때 그분은 바로 문수보살이자 보현보살의 화현이셨고 그 행으로 남기신 흔적은 많은 이들에게 교훈이 되었다. 서원은 마르지 않는 강물이 되어 언젠가 만나게 될 공덕의 인연이 되길 발원해 본다. 미담은 법담이 되었고, 차향은 허공 가득 제불보살님을 향해 합장과 함께 공양 올렸어라.

배려

   우리 아파트 같은 라인의 아래층에 젊은 목사님 가족이 살고 있는데, 엘리베이터에서 자주 만나게 되어 반갑게 인사를 하게 되었다. 젊은 모습에 순한 인상이 좋아 보였고 평안한 인품이 느껴지니 훌륭한 목사님이라 생각되었다.

   나는 매일 새벽 5시 30분이면 수영을 가기 위해 집을 나서는데, 이때쯤에 목사님도 같은 엘리베이터를 타고 내려가면서 새벽기도로 교회에 가신다고 했다. 나는 내 차가 주차된 지하 1층으로 내려가던 참이었고, 엘리베이터 버튼이 눌러진 대로 목사님도 그냥 가시기에 나와 같은 층에서 내리시는 줄 알았는데, 내가 내린 다음에 엘리베이터를 이용하지 않고 계단을 걸어서 다시 1층으로 가는 모습을 보았다. 이렇게 남을 위해 자기의 시간을 배려

하는 모습에 나는 크게 놀랐다.

　불교와 기독교라는 교리는 달라도 사람이 살아가는 세상의 이치는 같지 않은가! 사람으로서 지켜야 하는 예의와 배려에 큰 울림이 되니, 우리의 작은 행동 하나하나가 무심無心할 수만은 없다는 생각으로 바로 보여 줄 때 참종교인의 모습이 아닐까 싶다.

　이렇게 참아 주고 배려하고 온통 자기를 내려놓는 모습이 곧 믿음의 소중함을 소리 없이 보여 주는 가르침일 것이다. 더 오랜 세월을 살아온 나에게 신선한 충격으로 다가와 사랑이라는 단어를 다시 한번 생각하게 된 아침의 선물이었다. 그 후 목사님과 같이 엘리베이터를 탈 때마다 내가 먼저 1층 버튼을 미리 눌러 드리니 "안 그러셔도 됩니다."라며 미소를 지으신다.

　불교와 기독교, 그 어떤 종교든 사람이 살아가는 세상의 근본 이치만은 상통하지 않는가! 사람으로 살면서 지켜야 하는 예의와 배려에 대한 큰 울림이 되었고, 하루를 열어 가는 새벽 시간의 선물 같은 작은 배려에 고마움과 행복을 느꼈다. 무심無心으로 하는 선행善行은 종교 이전에 인격으로 잘 익어진 수행일 것이다.

　10년도 훨씬 지난 오래전 이야기다. 부산에서 기차를 타고 서울에 도착했는데, 기차 안 선반 위에 올려놓은 짐을 내려야 하는데 복잡한 사람들 틈에서 올려다보고만 있었다. 그때 기차 복도에 있던 40~50대의 젊은 여인이 나와 눈이 마주치니, "위험하니 제가 내려 드리겠습니다." 하며 짐을 내려 주더니 또다시 그 짐을 끌고 에스컬레이터를 타고 바깥의 딸이 마중 나온 곳까지 옮겨 주고는 친절히 인사하며 돌아서서 가 버렸다. 그러고 나서야 나는 제대로 인사를 못했음이 미안하고 고마워서 전화번호라도 물어볼 걸 하며 아쉬움에 한참을 서서 자리를 뜨지 못했었다.

이런 일이 있었음을 우리 딸들에게 이야기하면서 "너희도 나이 많은 사람들이나 무거운 짐을 든 사람을 만나거든 엄마가 고마워했던 이 일을 꼭 기억하고 은혜 갚는 마음으로 도움이 되는 일을 실천해라." 당부했던 그날을 지금도 잊지 못한다.

한번은 며칠 전 볼일을 보고 집으로 오는데 갑자기 비가 많이 와서 택시를 잡으려고 길을 걷고 있을 때였다. 누군가 자꾸 내 곁을 따라 걷기에 나는 길을 비켜 주려고 피했는데도 자꾸만 나와 부딪쳐서 쳐다보게 되었는데, 세상에 이런 고마운 일이 또 있나 싶었다. 어떤 사람이 내게 우산을 씌워 주며 따라 걷고 있었던 것이었다.

너무 놀라고 고마워서 웃으면서 괜찮다고 해도 내 곁을 끝까지 지켜 주었다. 철벅거리는 빗길에서 남을 위해 이런 배려심을 내기란 쉽지 않은 일이기에 그날 너무 고마웠던 그 모습이 지금도 내 가슴속에 담겨 있다. 어디에 살고 있는 사람인지는 모르지만 그 사람이 행복했으면 좋겠다.

홍법사 창건주 하도명화 보살님

하도명화 보살님을 처음 알게 된 때는 지금으로부터 40여 년 전, 부산불교신도회에서 만난 인연으로 시작되었다. 그때만 해도 젊으셨던 보살님은 우아하고 카리스마가 넘쳤으며 당시 왕성하게 활동하시던 불자 중 한 분이셨다.

신문이나 방송으로 신심 있는 불자나 훌륭한 인격의 사람을 보게 되면 차를 타고 찾아가서 격려하고 도움을 주셨으며, 무슨 일이든 계획을 세우면 반드시 해내고야 마는 열성적인 성품이셨다. 때로는 엄하고 단호하셨고, 때로는 자비를 베푸는 너그러운 분이셨다.

시내에 집을 두고 그 옛날에 두구동 신창농장을 한 평, 두 평 사들여 나중에는 2만 평이라는 거대한 농장을 일구어 내셨다. 작은 묘목을 심어 잘 손질하여 키워 온 나무들이 갖가지 모양의 아름다운 고목으로 자랐다. 값비싼 좋은 품종의 나무들을 자식처럼 사랑하셨는데, 여자로서는 엄두도 못 낼 일을 해 오신 분이셨다.

 그뿐만 아니라 젊은 시절부터 보살님의 신심은 어느 누구도 따라올 수 없을 만큼 깊었는데, 전국의 명산대찰을 찾아다니며 밤낮으로 기도하셨고, 통도사 경봉 큰스님과 범어사 하동산 큰스님 등 많은 어른스님들과 인연을 지어 정법불교의 큰스승으로 모신 분이셨다.

 20여 년 전 심산 스님과 인연이 되어 뜻을 견고히 하시더니 홍법사를 창건하는 데 힘을 쏟으시어 대가람을 일구어 놓으셨다. 당시 그 누구도 흉내조차 낼 수 없는 큰 역사를 만들어 내신 것이다. 이는 전생의 오랜 원력들이 꽃피워 낸 하나의 기적이 아닐까 싶다. 홍법사는 그 후 스님의 더 큰 원력으로 거듭 발전하여 신도들이 손을 잡고 모여드니 지금은 부산의 자랑스러운 사찰이 되었다. 홍법사 이름 그대로 홍법弘法으로써 부처님 세계를 이룬 도량으로 자리매김하게 된 것이다.

 하도명화 보살님은 93세가 되던 해에 가시면서 "이생에서의 소원을 성취했으니 내 인생은 헛되지 않았다."라고 말씀하셨다. 나는 마지막 약속대로 보살님의 임종을 지켜 드렸다.

선물 같은 사람이 되고 싶어라

　선물이라고 하면, 조건이 있는 선물과 조건이 따르지 않는 선물이 있다. 언제나 함께하고 진실한 관계의 인연이면 무엇이든 주고 싶고 어디를 가더라도 기념으로 하나씩 사서 주는가 하면, 꼭 부탁을 들어 달라는 단서가 붙는 선물도 있다. 부담이 되는 선물은 뇌물과 같은 것이어서 기쁜 마음이 될 수가 없다.
　30여 년 전 '보현봉사회'라는 단체를 만들어 활동할 때의 이야기다. 백여 명의 회원들을 모아 매달 교도소를 방문하거나 불우 이웃을 돕는 등 작은 손길이 필요한 곳들을 찾아다니며 봉사 활동을 하게 되었다.
　나름 회원들과의 만남에도 의미가 있었지만 참으로 이 일을 하지 않았더라면 주변의 극심한 어려움을 모르고 지나쳤을 뻔했는데 그나마 작은 마음들이 모여 보람 있는 일이 되었다. 이러한 활동을 하면서 나의 삶에도 다시금 감사함을 알게 되었고 부처님 품속에서 '함께'라는 단어를 깨닫는 계기가 되었다.

해마다 창립을 기념하고 한 해 동안의 활동 경과를 알리는 기념 법회를 열게 되었다. 불연佛緣으로 맺어진 주변의 많은 어른 보살님들께서도 동참의 의미로 격려를 아끼지 않았을 때였다. 그때는 부산 지역 불교 행사를 주로 코모도 호텔에서 개최했었는데, 그 호텔 주인이 신실한 불자였기 때문이다. 우리 기념 법회도 이곳에서 하게 되었는데 인연 있는 어른들과 불자들이 참석하여 자리를 빛내 주었으니 축제의 장이 되기도 했었다.

당시 묘음화 보살님이 이 광경을 지켜보시고 내게 다가오시더니 "오늘은 내가 대원성에게 용기를 주기 위해 비용 모두를 지불해 주마." 하시면서 엄청난 비용을 모두 다 해결해 주셨다. 그때 나는 너무 놀라 감동의 눈물을 흘렸던 기억을 지금도 잊지 못한다.

그뿐만 아니라 묘음화 보살님이 외국 여행을 다녀오면서 선물로 사 온 신발 하나도 고마움으로 이루 말할 수 없는 은혜가 되어 가슴 깊이 담겨 있다. 나는 사실 명품 자체를 몰랐으니 가치도 모르고 값도 몰라서 그냥 고맙다는 인사만 했을 뿐이다. 너무 편한 신발이라는 생각으로 비가 오거나 눈이 오거나 거친 길에서도 아무렇게나 함부로 신고 다녔는데, 어느 날 딸이 해 준 말이,

엄청 비싼 신발이니 조심히 신어야 한다는 것이었다.

그러나 단 한 번도 수선한 적 없이 30년 가까이 신었으니 이건 명품이기 전에 묘음화 보살님의 진심이 담긴 선물이었기에 나를 떠나지 않은 인연의 신발이 아니었을까? 보살님이 가시고 난 후에도 신발을 볼 때마다 또는 신을 때마다 나는 늘 보살님에 대한 고마움과 그리움에 젖어 들곤 한다.

또 지금의 홍법사 창건주셨던 도명화 보살님도 살아생전에는 일불一佛 제자의 의미로 형님과 아우로 지냈는데 나를 많이 챙겨 주시고 아껴 주셨던 은인이었다. 돌아가시기 전, 건강하실 때 일 년에 한 번 행사 때마다 입으셨던 한복을 내게 주시면서 "체구가 비슷하여 몸에 잘 맞을 테니 이다음에 나를 보는 듯 입어라."고 하셨다. 보살님의 마음이 담긴 선물이었기에 나는 아직도 그 옷을 버리지 못한다. 그리고 평생 부처님 은혜 속에 함께 느끼고 나눴던 추억의 자국들이 있어 더욱 소중히 간직하게 되었다.

그리고 내 어머니의 선물을 나는 여든이 된 지금까지 간직하고 있다. 내가 어린아이였던 시절에 우리 엄마는 길쌈을 했다. 틈만 나면 베틀에 앉아 베를 짜던 엄마의 그 모습을 지금도 나는 생생히 기억하고 있다. 그렇게 공들여 짠 무명천을 아들딸 혼사 때 쓸 거라 했는데, 철이 없었던 나는 나일론 종류의 다후다 천에 눈길을 돌려서 엄마의 손길과 정성을 다 없애 버렸으

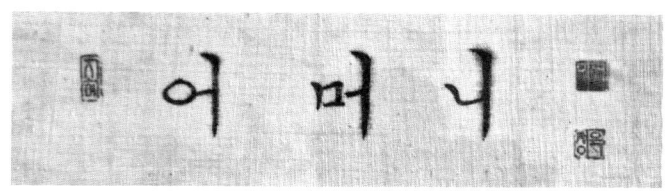

어린 시절 길쌈을 하셨던 어머니께서 생전에 짜 주신 무명천 조각.
붓글씨로 '어머니' 석 자를 써서 소중히 간직해 오고 있다.

니, 지금까지 살아오면서 가장 큰 불효를 했다는 생각에 미안함과 후회가 남았다.

어쩌다 아주 작은 한 조각의 천이 남아 있었다. 그 한 조각의 천에는 지난 세월 엄마의 눈물과 고생과 아픔이 배어 있음을 잘 알기에 너무나 소중한 엄마의 손길 위에 '어머니'라고 작게 붓글씨를 써서 액자로 만들어 부처님 방에 두고 날마다 엄마를 추억하고 있다. 이 액자 앞에서 나는 엄마의 모든 모습과 말씀, 엄마의 손길과 향기를 느끼며 그리워한다. 엄마가 내게 주신 가장 값진 선물 1호가 된 것이다.

사람도 선물이다. 내가 살아온 지난날들을 돌이켜보니 나는 너무나 많은 은혜 속에 살고 있었다. 가까이서 뵐수록 존경심이 우러나는 훌륭한 어른 보살님들이 계셨고, 그분들이 나를 아껴 주고 살펴 주셨기에 참 행복한 시간이었다.

나이로는 엄마 보살이라 불러도 무방할, 지장화 보살님과 금강월 보살님! 그 외에도 다 말할 수 없이 많은 형님 보살님들이 내게는 선물 같은 인연이었으며, 나와 함께한 오랜 인연의 친구와 도반들, 그리고 나를 따르는 젊은 아우님들 또한 내게는 재산 같은 선물이라 믿는다.

나는 누군가에게 선물이 될 수 있을까? 나도 누군가에게 선물 같은 사람이 되고 싶다.

몽골 여행을 다녀와서

　작년부터 내가 모시던 제사를 아들네 집에서 모시기로 했던 이유는, 내 나이가 여든이 넘었고, 아들 가족이 명절 차례나 제사를 지내러 올 때마다 서울에서 부산까지 차표를 구하기도 어렵거니와 네 식구가 늘 힘들게 와야 하니 오히려 조용한 날 우리가 미리 올라가면 고생도 줄여 주고 여러모로 좋을 것 같아서였다.

　얼마 전 추석 때도 우리 내외가 미리 서울 아들네 집으로 갔었다. 모처럼의 나들이에 아들딸 가족들이 이곳저곳 미술관으로 구경시켜 주니 고마운 마음으로 따라다니며 행복한 시간이 되었다.

　그런데 추석날 아침 차례를 지내고 부산으로 올 때 기차 안의 에어컨 바람 탓이었을까, 집에 온 다음부터 감기 증세가 있어 평소에 잘 가지 않던 병원에 가서 링거도 맞아 봤지만 차도가 없었다.

 이틀 후 몽골 여행 일정이 잡혀 있어서 고민이 되었지만 나 때문에 일행들과의 약속을 어길 수도 없고 기대를 실망시킬까 봐 아무렇지 않게 따라나섰다. 늦은 밤 비행기로 3시간 40분의 시간이 걸려 몽골에 도착했고, 나는 식은땀과 기침으로 고생했지만 아무 내색도 하지 않았다.

 몽골 공항에서부터 추위가 엄습하여 고통을 느껴야 했다. 너무 더웠던 우리나라와는 확연히 다른 기온이었다. 숙소인 게르에는 4명이 한 방을 쓰도록 침대가 준비되어 있었고 바닥에는 전기 판넬이 있어 그리 추운 방은 아니었지만 심한 기침 때문에 일행에게 걱정을 끼칠까 봐 억지로 참는다는 것이 내게는 너무나 힘들었고 쉽게 잠을 이룰 수가 없었다.

 날이 밝으면서부터 여행 일정에 따라 몽골 테를지에서의 체험이 시작되었다. 나무도 숲도 없는 돌산마다 큰 바위들이 기암괴석으로 산을 묵직하게 장식하였고 곳곳마다 사진으로만 보아 오던 게르의 단지가 군데군데 널려 있어 이곳 사람들이 살아가는 마을을 이루고 있었다.

 길도 편치 않은 들길을 계속 달려가 도착한 곳이 절이라고 했지만 우리가 보아 온 우리나라 사찰과는 비교도 안 되는 작은 절

(이곳 절들은 티베트의 형상과 수행법을 따르고 있다)이었고, 참배만 하고 나와서 우리나라 사람이 운영하는 작은 공연장에 들러 칭기즈 칸 이름의 몽골 전통 공연을 보게 되었다. 열 명도 안 되는 출연진의 음악과 춤, 그리고 한국인 사장님의 내레이션은 참으로 훌륭했고 잠시 아픔을 잊을 정도로 즐겨 보았었다. 대단한 역사의 인물 칭기즈 칸! 그의 일생을 두 눈으로 직접 보는 듯하였다.

그곳 공연장을 운영하는 사장님은 전라도가 고향이라고 했다. 마치 방송인 같은 목소리로 차분히 장면마다 설명을 해 주니 한층 더 이해하기가 편했다. 16년 전부터 이곳에 캠프를 이루어 인연 있는 가족과 지인들과 함께 운영을 하고 있다고 했다. 그분의 소신 있는 삶의 지표에, 또 한국인의 긍지로 타국의 생활을 성공적으로 해 내고 있음에 큰 박수를 치게 되었다. 우리는 왜 다른 나라에 갔을 때 한국인으로서 더 간절한 애국심이 생겨날까?

다음 코스로 말을 타야 하는 순서가 되었다. 나는 사실 타고 싶지 않았지만 버스에서 함께한 20명의 한국인 관광객 중 내가 제일 나이가 많은 편이었는데, 혼자 버스에 남아 있다면 여러 사람들의 관심과 걱정을 받게 될 것 같아 함께 타기로 했다.

내가 타게 된 말은 하얀 백마였는데 순한 눈을 가진 착한 표정의 말이었다. 나는 말에 올라타 어루만지고 쓰다듬으며 먼저 인사를 건넸다. "말님! 고생이 많지요? 내가 타서 무겁지요? 힘들지요?" 어쩐지 짠한 마음에 나는 계속 말을 하고 있었다. "다음 생에는 다시는 짐승의 몸을 받지 말고 꼭 사람의 몸을 받아서 이 나라 통치자가 되어 그동안 봉사하고 살아온 공덕으로 누리고 살기를 소원하세요. 말님! 내 말을 알아듣겠지요?"라며 내내 축원의 마음으로 혼자 중얼거렸는데 내 곁에 있던 아우님이 "형님! 형님이 탄 말은 참 좋겠어요. 그리 좋은 축원을 해 주니 말이 얼마나 좋아하겠어요." 한다. 나는 돌아올 때까지 진심으로 말에게 고마워하고 미안해했다. 사랑하는 마음으로 쓰다듬으며 이별을 했고 돌아오는 내내 가슴이 저려 있었다.

계속되는 여행길, 가도 가도 끝이 없는 넓은 초원 길을 몇 시간 달려 도착한 곳은 별로 볼 것도 없는 작은 사막이었고 낙타 타기도 어찌 보면 별 의미 없는 코스였다. 수많은 양 떼들과 자유로이 풀을 뜯고 있는 소와 말, 이 모든 것이 몽골인의 생활이고 삶의 터전이었다.

또 멀리서도 보이는 넓은 광장에 도착했을 때는 너무도 큰 칭기즈 칸의 동상이 말을 타고 달리는 형상으로 빛이 나고 있었다. 칭기즈 칸 기념 박물관에는 250마리의 소가죽으로 만든 큰 가죽 신발도 있었다. 이렇게 몽골에는 칭기즈 칸의 전설이 곳곳마다 새겨져 있었고 그들의 자랑이었다.

사흘째 되던 날, 사막을 거쳐 울란바토르 시내로 진입했을 때는 우리나라 70년대의 복잡한 도시를 연상하게 하는 좁은 도로에 종일 울리는 자동차 클랙슨 소리는 귀가 아플 정도로 소음이었고, 빤히 보이는 길 건너편까지도 쉽게 갈 수 없을 만큼 차들이 길게 밀리는 것을 보면서 "우리나라 좋은 나라"라는 말을 연발하기도 했다.

그럼에도 역사박물관 관람을 하고, 시청이 있는 칭기즈 칸 광장에도 들르니 곳곳마다 장대한 칭기즈 칸 동상이 위엄을 뽐내고 있었다. 이렇게 일정마다 다 따라다녔지만 사실 나는 많이 아픈 상태였다. 입맛을 잃어 음식도 잘 먹을 수가 없어서 더 힘들었던 여행이었다. 다행히 시내 호텔에서 이틀 동안 숙박했는데 따뜻하고 깨끗한 환경에 한국인이 운영하는 식당이라 그나마 수월했다.

다음 날 큰 사원에 참배를 갔는데 티베트의 전통 사찰로 너무도 큰 불상들이 가득 세워져 있어서 압도감이 느껴졌다. 그 불상들마다 불전을 올리고 절을 하다가 나는 깜짝 놀라 하마터면 소리를 지를 뻔했다. 그 불상 아래 단상에 달라이라마 존자님이 앉아 계시지 않은가! "존자님!" 하고 놀랐는데, 다시 보니 실물과 똑같이 앉아 있는 모습의 사진이었던 것이다. 법당에는 많은 스님들이 모여 경을 외우고 계셨다. 어디를 가도 부처님 도량은 환희에 젖게 하고 마음을 평온케 하니 나의 불심을 불러일으켰다.

마지막 날, 한 번 주어진 쇼핑 시간에 캐시미어 전문 가게에 들러 선물을 사고, 늦은 저녁 비행 시간까지 여유가 있어 기차를 타고 1시간 30분 정도 체험을 하게 되었다. 우리나라에서 볼 수 없는 이층 침대에 마주보고 앉아 화려한 네온 불빛의 시내를 지나 한참을 달리다가 내렸는데 이 무슨 일인가! 너무도 웃기는 일이 눈앞에 펼쳐졌다.

기차역에서 내렸을 때 우리와 반대편 길에는 정상적인 건널목이 있어 이상할 것이 없는데, 우리 일행들은 돌아서 갈 길이 없고 가까이 질러가는 길이라며 폐철로 위에 가만히 서 있는 폐廢 기차 바퀴 아래로 기어서 나가야 한다는 사실이었다. 그래야만 우리가 타고 온 버스를 만날 수 있었고 공항까지 갈 수 있다고 했다.

철길을 고개 숙이고 기어서 빠져나오는 웃지 못할 경험을 치르고 나니 잠깐이었지만 탈북민들의 고통이 짐작되었다. 이렇게 일정을 다 마무리하고 다시 칭기즈 칸 공항으로 와서 여행을 마무리하게 되었다.

나와 함께한 아우님들의 말이 가슴에 담겨 있다. "말도 재미있게 하고 잘 웃는 우리 형님이 말도 하지 않고 잘 웃지도 않아서 맘이 아팠다."라고….

몸이 아프면 마음이 괴롭다.

마음이 괴로우면 몸도 따라 괴롭다.

살아 있다는 것은

몸이 나[我]이고 내가 곧 몸인 것이다.

태어남이 없는 세상이 어디일까?

구름이고 바람이고 물이면

아프지 않을까?

어쩌다 병원에서 새해를 맞다

 설을 며칠 앞두고 베란다 청소를 하다가 신발을 잘못 밟아 미끄러져 엉덩방아를 찧어 다치고 말았다. 몇 해 전부터 차례를 아들네 집에서 지내기로 했기에 서울 가는 기차표도 준비해 놓았었는데 꼼짝없이 주저앉게 되었다.
 어쩔 수 없이 119 구급차를 타고 병원에 가서 CT를 찍어 보니 골반뼈 세 군데에 금이 가서 당장 입원을 해야만 한다고 했다. 뼈가 붙으려면 3개월은 걸려야 하고 2주 동안은 침대에서 내려올 생각도 하면 안 된다는 말을 들었을 때 나는 참으로 어이없는 현실에 기가 막혔다.
 3인실 입구 쪽에 내 침대가 있었다. 아무것도 필요치 않은 환자복 한 벌이 나를 보호하고 있을 뿐이었다. 그저 링거를 달고 세

끼의 식사와 약을 먹으며 간호원의 도움만 필요로 했다. 그렇게 입원한 지 5일째 되던 날 설날을 맞게 되었다. 설이라고는 하지만 달라진 것이 아무것도 없는 그대로였다. 아픈 몸을 겨우 기대고 앉아 세수하고 양치하고 잠시라도 부처님을 향해 예경을 드리고 다시 자리에 누워야만 했다.

  딸이 준비해 온 설날 음식을 먹으며, 늘 우리 집에서 6남매 장남의 무게로 북적이던 지난날의 명절이 새삼 그리워지기도 했다. 내 주변의 지인들에게는 내가 병원에 있음을 알게 하지 않았고, 또 아는 이가 있어도 병원을 알려 주지 않았다. 혼자 지내면서 내가 나를 만나는 시간을 보내기로 마음을 정했다.

  눈을 감고 부처님을 향한 마음을 읽으면서 눈물겹도록 고맙고 은혜로움에 스스로 감동할 수 있었던 것은 그저 불교라는 울타리 안에서 내가 존재함만으로도 은혜이고 가피였기 때문이다. 이 시간 속에서 누구를 미워하거나 더 사랑하지도 않는 평정심으로 흔들리지 않는 내가 되어 스스로 고마워하니 이는 수행의 의미였을까?

  가피는 늙은 호박처럼 분을 뿜고 행복은 치자꽃처럼 향기 날리는 내가 되길 손 모아 발원할 때, 옛날 큰스님께서 "어째서 부처님이 꽃을 드셨는고?"라고 화두를 주셨는데 지금 나는 "어떤 인연으로 불법을 만났을까?"가 더 강하게 묻어나는 나의 인연 흔적을 느끼게 된 것이다. 언제 이렇게 한가로이 앉아 나를 만난 적이 있었던가? 이 순간 오롯이 나를 만나는 진솔한 무상無相이 실상實相으로 다가온 것을 알게 되었다.

하루 한 번 만나는 가족 면회 외에는 나만의 시간이었고, 곁의 입원 동기들 중에는 종교가 달라도 아픈 상처가 달라도 함께 한 공간에 있다는 현실에 공감하고, 시시때때로 다른 환자들의 변화를 보며 이곳의 집단생활에서 지켜야 하는 예의와 규칙도 따라야 했다.

내가 하는 부처님 이야기가 곧 내 모습으로 비쳐서 호기심으로 들어 주던 사람들이 잠시라도 발심의 모습을 보일 때면 나는 환자가 아닌 신나는 포교사가 된 기분이었다. 이렇게 병원에서의 시간도 나는 부처님과 함께 있는 시간일 수밖에 없었다. 늘 하는 말이지만 일을 하는 사람이나 놀고 있는 사람이나 이렇게 누워 있는 사람이나 흘러가는 시간은 다 같은데, 그 시간의 사용에 따라 누리고 사는 사람, 괴롭게 사는 사람, 아프게 사는 사람으로 인생이 다를 뿐이다.

며칠이 또 지나 정월 보름이 되었다. 그러나 똑같은 병실에서 똑같은 천장을 바라볼 뿐 하늘을 볼 수도 달님을 볼 수도 없었으니 보름날이 실감 날 리가 없었다. 그리고 다음 날은 내가 세상에 태어나 여든두 해째 맞는 생일이었다. 이렇게 설날도 보름날도 또 생일까지도 병원에서 지내야 했다.

 부모님이 살아 계실 때 늘 하셨던 말씀이 이날따라 더 절실히 들리는 듯 느껴졌다. "부모에게 가장 큰 불효는 부모로부터 받은 몸에 상처를 내거나 피를 흘리는 것이고 부모를 욕 듣게 하는 옳지 못한 일을 했을 때도 큰 불효이니 항시 조심하고, 건강하게 잘 살아야 부모의 은혜를 갚는 일이니라."고 하셨는데, 나는 다리 수술 등 몇 번의 수술이 있었기에 아버지께서 지금의 나를 보셨다면 참으로 속상해하시며 혀를 찼을 것 같다.

 그런가 하면 미역국을 끓이고 팥밥을 준비해서 병원으로 가져 온 딸에게도 엄마의 이런 모습을 보여야 하는 것이 역시나 기쁜 일이 아니었기에 미안함에 마음이 편치 않았다. 이렇게 나 한 사람과의 인연 때문에 같이 아파한 가족과 주변의 모두에게 마음 깊이 미안하고 감사할 뿐이다.

 입원한 지 18일째 되던 날, 의사도 가족도 아직은 퇴원이 무리라고 말렸지만 나는 기어이 고집을 부려 퇴원하게 되었다. 어쩌다 햇수로는 작년에 입원하여 금년 정월에 퇴원하는 아이러니한 상황이 아닌가?

 집에 들어서니 제일 먼저 생일 축하 화분이 나를 기다리고 있었다. 해마다 잊지 않고 보내 주시는 축하 꽃을 받을 때마다 체면이 아닌 진심으로 사양을 표했지만 꽃을 보는 순간만은 밀려드는 행복감을 감출 수가 없었다.

　내 방에는 이미 의료기 침대와 휠체어가 준비되어 있었고 기대고 걸을 수 있는 보행 보조기까지도 대여해 둔 가족들의 정성과 배려에 눈물이 나도록 고마웠다. 건강할 때 느끼지 못했던 이 모든 고마움들을 내 작은 가슴에 쌓기도 부족할 정도였다.

　평생을 살아가는 동안 어찌 좋은 일만 있을까? 흔히 물처럼 바람처럼 살라 하지만, 같은 하늘에서 떨어지는 빗물도 인연 따라 흐르지 않는가. 강물에 내린 빗물은 편히 흘러갈 수 있겠지만, 산골짝 계곡에 떨어진 빗물은 굴곡진 계곡의 크고 작은 바위에 부딪치며 흘러가다가 때로는 높은 바위 위에서 폭포가 되어 떨어질 때는 물도 어찌 아프지 않으리오.

　그래도 물은 또 물길을 따라 쉼 없이 흘러갈 뿐인데, 우리 인생도 내 뜻대로만 살 수 없는 것이기에 지어 둔 인연 복만큼 누리고 살다가 업연業緣으로 수십 년을 부딪치며 살아가는 몸이 아니던가! 고치고 또 고쳐 살아도 종점에서 여로가 멈춰지고 말 것이지만 쉬어 가자, 쉬어 가자! 숨차지 않게 쉬어 가야 한다.

도반의 정情

퇴원 소식을 듣고 달려온
진정한 나의 도반들은
차와 다구茶具를 안고 왔다.
그동안 함께하지 못한 아쉬움이 있어
계속 따라 주는 찻잔에는 이미 차향으로 채워져
눈물 반 향기 반으로 울먹이며 마셨다.
이 순간 소원이 뭐냐고 묻는다면
이렇게 앉은자리에서 성취되었노라고 답할 것이다.
세상 보는 눈으로는 벌써 버들잎 움이 트니
봄이 오고 있다고 귀띔해 준다.
사랑하고 살리라.
더 사랑하고 살리라.

마지막 정리는 살았을 때

얼마 전 나와 오랜 인연이었던 비구니 스님께서 열반에 드셨다. 올해 89세의 스님께서 마지막 삶을 정리하기 위해서였을까? 나를 찾으신다는 말씀을 듣고 스님을 뵈러 갔다. 그날이 하필이면 스님께서 노환으로 입원하시는 날이었다.

스님께서는 평생 동안 작은 것도 아끼며 알뜰하게 살아오신 분이라는 사실을 나는 잘 알고 있었는데, 그날은 내게 그리 큰 금액은 아니었지만 통장과 집문서까지 내어 주시면서 "믿을 사람이 대원성뿐이니 잘 부탁한다."라고 말씀하셨다.

잠시 당황스러웠지만 일단 받았다가 며칠 후 다시 스님을 만났다. 언제일지 모르지만 만약에 스님께서 이생을 회향해야 할 그때를 생각하여 미리 준비하는 것이 좋을 것 같다는 생각으로 상좌스님과 함께 한자리에 앉아 의논을 하게 되었다.

　모든 것을 정리하기 위해 스님과 함께 은행과 부동산을 다니며 생전 회향을 본인 스스로 마무리할 수 있도록 곁에서 도와드렸다. 어찌 보면 아직은 살아생전의 모습 앞에서 이런 마무리를 한다는 것이 죄송하고 마음이 아픈 일이었지만 생각해 보면 결코 잘못됨이 아닌 깨끗한 준비로 잘한 일일 것이다.

　그 후 두 달이 지나 스님은 떠나셨다. 삶과 죽음을 지켜본 내 마음은 형언할 수 없는 아픔과 안타까움으로 가득했다. 그 오랜 세월 동안 늘 우리 집을 오고 가셨던 추억들이 고스란히 남아 있는데, 유골함에 담긴 스님의 초라한 흔적이 너무나 황망하여 슬픔으로 오열하고 말았다.

　이 마지막 이별이 들려주는 법문이 인생 법문이며 삶과 죽음의 모습이었다. 그래도 수행을 해 오신 스님이셨기에 마지막 죽음을 받아들이고 잘 마무리할 수 있었다. 흔히 사람들은 떠나기 직전까지도 죽음을 받아들이지 못하고 다시 일어날 것이라는 막연한 기대 때문에 가족과의 이별을 제대로 하지 못할뿐더러 때로는 분쟁만 남기고 떠나는 불행한 가족의 모습을 종종 봐 왔다.

　내가 가야 하는 그 길도 스스로의 서원으로 헤매지 않아야겠고 사랑도 미움도 다 두고 가야 하는 인생의 종점을 향할 때 아낌없는 사랑의 배웅을 받을 수 있기를 다시금 발원해 본다. 지금부터

라도 후회를 만들지 말고, 사랑하는 마음은 대자비심으로 나누며, 미움이라는 단어는 기억에도 담아 두지 말아야겠다.

  텅 빈 하늘처럼 언제나 여여如如 불자로 살아가길 간절히 서원하며, 먼저 가신 지정 스님의 명복을 합장 발원드린다.

복은 내 스스로 짓는 것

　나와 인연 있었던 비구니 지정 스님께서 입적하시기 전 내게 장학금 천만 원을 맡기고 가셔서 지난 6월에 증손자 상좌스님과 함께 동국대학교에 갔었다.

　동국대학교 총장님 입회하에 건학위원장 돈관 스님께 장학금을 잘 전달하고 나니, 이 장학금만은 오롯이 스님 자신을 위한 보시 공덕으로 다음 생에도 더 많은 불교 공부를 하겠다는 서원이 되어 헛되지 않은 보람이 되었을 것으로 생각되었다.

　마침 나는 두 딸과 함께 간 자리였고 "저도 제가 죽은 후 우리 가족들이 저를 위해 일 억을 보시하기보다, 살아생전 제 손으로 천만 원의 장학금을 보시함이 더 큰 의미가 아닐까 하여 회향의 마음을 담아 내년에 다시 오기로 약속하겠습니다."라고 말씀드렸다.

  그러자 곁에서 이 말을 듣고 감동을 받으신 총장님께서는 "이런 말씀은 생전 처음 들어 보는 말씀입니다."라며 놀라워하셨다. 그래서 나는 "내 복은 내가 스스로 짓는 것이지요."라고 답했다. 두 딸도 평소 엄마가 하는 말로만 듣다가 새삼 다른 감동을 느꼈다고 했다.

촛불 속 심지 같은 인연

나는 그동안 몸담아 온 모든 모임을 나이 여든이 되면서 다 회향하고, 요즘은 도반의 차실茶室에 한 사람으로 동참하게 되어 자주 가곤 한다. 도반의 나이는 나보다 두 살 아래지만, 지금 우리 나이에는 그게 크게 중요하지 않다는 생각이 든다. 요즘의 나는 모든 공적인 일들을 회향한 뒤라서 시간을 자유롭게 쓸 수 있기에 만나는 친구들에게 늘 감사하다.

그 친구의 넓은 차실 마당에는 사계절 내내 꽃과 나무가 어우러져 작은 암자처럼 숲속의 정겨움이 묻어 있기에 글도 쓰고 사진도 찍곤 한다. 몇몇 도반들이 늘 함께 차를 마시며 제각기 느끼는 불교의 생활에 대해 토론도 하며, 경 읽고 사경하고 참선도 하는 생활 속의 불자라는 긍지로 대화를 나누니 더없이 좋은 인연들인 것이다. 지금의 나는 이보다 더 욕심낼 수 없는 최고의 노후를 즐기며 살고 있다고 생각한다.

요즘에는 갈 때마다 내가 옥수수를 좋아하는 것을 기억하여 한아름씩 사서 준비해 두었다가 돌아올 때 선물로 안겨 주었고, 마당의 감이 홍시가 되면 좋은 것만 골라 내가 오길 기다렸다가 내어놓았다. 새들이 쪼아 모양이 못난 것은 주인인 그 친구가 먹어 치우니 그 마음과 모습을 볼 때마다 나는 마음속으로 잔잔한 감동을 느끼곤 한다.

사실 그 친구는 흔히 말하는 아주 부잣집 사모님으로 귀한 대접을 받으며 잘사는 환경인데도 그 어떤 사치도 찾아볼 수 없고, 속된 위세도 부리지 않는, 지극히 평범하고 모범적인 생활인으로서 가까이 만나는 우리 모두 늘 고마워하고 칭찬을 아끼지 않는다.

과일 하나라도 모양이 좋은 것은 남을 위해 챙겨 두고 험한 것은 몰래 본인이 먼저 먹어 치우는 보살의 마음에 어찌 감동하지 않을까? 뜰에 꽃이 피면 그 가지 하나씩 꺾어서라도 선물로 주고, 호박이 열려도, 고추가 열려도, 깻잎이 열려도 골고루 나누어 주고, 손수 값비싼 차를 종일 우려 주며 성심성의껏 우리를 대접해 주니 이 모든 것이 부처님 은혜일 것이다. 한없이 베풀고 또 베풀면서 아낌이 없으니 무상보시無相布施 원력 보살이라 생각하며 우리 또다시 다음 생에도 이와 같은 만남이 이루어지길 발원하고 기원해 본다.

젊었을 때부터 내가 이 친구에게 자주 했던 말이 하나 있었다. 사람이 아무리 많은 재물을 가지고 있어도 보시의 마음이 없으면 복을 지을 수가 없고, 또 아무리 복을 짓고 싶어도 형편이 따르지 않으면 할 수가 없는데 재물도 마음도 다 가지고 있으니 무한 복인福人이라고…. 수희찬탄隨喜讚歎의 마음이라도 함께한다면 복을 짓는 것과 같으니 그렇게 복을 저축해야 할 것이다.

그 후로도 꾸준히 한평생을 그대로 행하고 살고 있으니 내생來生 걱정은 할 필요조차 없을 것이라 믿는다. 나는 솔직히 많은 빚을 지고 있는 지금이지만 일상생활 속에서 우선 수희찬탄이나마 하게 되니 마음 자체가 축원이 되어 세세생생世世生生 보살로서 함께하게 되리라는 바람을 갖게 된다.

인연이라는 선은 보이지 않지만 촛불 속의 심지와 같은 것, 때가 되면 좋은 연緣이 되어 세상을 비추는 빛이 될 것이라 믿는다. 다시금 부처님 품속에서 만난 은혜의 인연, 이 모든 인연에 감사하고 또 감사드리며 이 마음을 놓지 않을 것이다.

은혜에 보답할 줄 아는 사람

 지금, 나이 서른을 넘긴 젊은 청년의 훈훈한 이야기를 쓰려고 하니 내 가슴에서부터 행복의 향기가 피어오른다. 내가 그 청년을 처음 만났을 때 그는 여섯 살의 아주 어린 아이로 해운대 법륜사 법당에서였다. 할머니를 따라 절에 온 그 꼬마가 아무도 없는 법당에서 "절에 오면 참선을 해야지." 하면서 다리를 꼬고 앉아 눈을 감고 있었는데, 그 모습이 지금도 눈에 선하게 기억되고 있다.

 아이의 엄마는 서울 S대학의 교수로 재직 중이어서 아기 때부터 외할머니였던 류지장화 보살님 손에서 자라게 되었고, 할머니는 손주에게 지극한 사랑과 정성으로 바른 인성人性과 사람의 행行과 도리道理를 알게 한 스승이기도 했다.

그래서일까? 그 힘들다는 사춘기의 나이에도 흔들림 없이 할머니를 잘 따랐고 한 번도 속 썩이는 일 없이 모범적인 학생으로 커 주었다. 어릴 적부터 엄마의 소질을 닮아 그림을 잘 그렸고, 할머니 모습을 초상화로 그려 선물하기도 했었다.

거실 큰 벽면을 가득 채운 그림 속에는 할머니가 꿈꾸는 온갖 상상의 세계로 할머니의 기쁨과 행복을 담고 있었다. 할머니가 감동하고 감격하여 눈물을 흘리시니 "할머니를 향한 은혜로 그린 것입니다."라고 효심孝心을 말할 때 우리도 덩달아 행복하여 큰 박수를 보낸 적이 있었다.

아직은 어린 손주였지만 마음속에는 할머니에 대한 사랑을 알았고, 세상에서 가장 고마운 인연이며 훌륭한 스승으로 존경한다고 했다. 평소 할머니의 생활 신조는 정직과 성실, 그리고 진실이었고, 매일 작은 방 하나에 부처님과 경전을 모셔 둔 가족 법당에서 기도하고 참선하는 할머니였으니, 보고 자란 불성佛性이 마치 향연香煙만큼이나 자연스레 스며들어 가족들의 향기도 사랑으로 채워진 행복 도량이었다. 그럼에도 가장 큰 축원은 오직 김지환 손주를 위한 것이 첫 번째였다.

애지중지 잘 키운 손자 지환이는 언제나 맑고 밝은 모습으로 어긋나지 않았고 여느 아이들과는 다른 참불자가 되었다. 중학생 때였다. 종립불교학교인 금정중학교 불교파라미타에 들어가 불연佛緣을 키웠고 활동에서 느낀 바른 신심은 가피의 흔적이 되어 세화고등학교를 졸업하고 서울대학교 미대 동양학과와 디자인과를 복수 전공하여 뛰어난 실력파가 되었었다.

그 분주한 대학 시절에도 하루도 거르지 않고 매일 할머니께 안부 전화를 드렸고 늘 걱정해 주던 손자가 대학 졸업 날이 되었을 때였다. 할머니는 누구보다 더 기다려 온 손자의 졸업식이었지만 다리가 불편하여 도저히 갈 수가 없어 애태우고 속상해하고 있었는데, 졸업식 하루 전날 밤 현관문이 열리더니 생각지도 못했던 손자 지환이가 문밖에서 미리 학사모를 쓰고 학위 가운을 입고 나타났으니 할머니가 얼마나 놀랐을까. 당황하여 어쩔 줄 모르던 할머니를 꼭 껴안아 주었고, 넙죽 엎드려 절을 올리며 "할머니, 잘 키워 주셔서 고맙고 늘 기도해 주신 은혜 깊이 느끼고 감사합니다."라고 말씀드리니 할머니는 다시 한번 감동하고 감격하며 그 기쁨을 말로 다할 수 없을 만큼 눈물을 흘리셨다고 한다. 너무도 대견하고 훌륭한 손자의 모습에 도리어 "잘 커 주어서 고맙다."라며 안아 보니 벌써 어른이 된 청년이었다고 하셨다. 손자를 키워 온 지난날들이 이 순간을 위한 삶이었기에 보람이었다고 하셨다. 군대에 가서도 매일매일 전화할 정도로 할머니의 목소리를 들어야만 잠이 온다던 효자 손자가 아니던가!

요즘 같은 세상에 참으로 보기 드문 젊은이기에 날마다 내 기도 속에도 담겨 건강과 기쁨으로 소원 성취하길 축원하며 응원하는 마음이기에 만년 팬이 된 느낌이다. 그렇게 모든 면에서 모범으로 반듯한 사도師道의 삶을 몸소 잘 익혀서 실천하니 더 다듬을 것 없는 훈습薰習으로 수행의 삶이 되었고 자비慈悲한 마음이 할머니를 닮았었다. 주변의 모든 인연들마다 언제나 칭찬의 박수가 멈추지 않는 까닭이기도 하다.

졸업 후 유명한 영국 왕립예술대학교(Royal College of Art)에서 Digital Direction 전공으로 졸업하며 졸업논문이 최우수 등급으로 주목받기도 했었다. 2021년에는 Frieze London에서 The Light Gallery 기획으로 주목받는 Top 10 전시에 들었고, 현대 미술의 상징적 메카인 Saatch(사치 갤러리)에서 전시 기획을 하는 등 예술을 기반으로 한 융합 기획에서 현재 활발한 활동을 하고 있는 한국의 자산이며 자랑이고 보배인 것이다.

그런데 딱 한 가지 할머니를 걱정하게 하는 일이 생겼다고 한다. 타국에서의 외로움과 몰두해야 하는 연구를 혼자 헤쳐 가야 하는 어려움 속에서 코로나로 힘든 시기에 담배를 피우게 되어 뗄 수 없을 만큼 피운다고 하니 할머니에게는 큰 걱정이었던 것이다. 건강에 무리가 될까 봐 고민에 고민을 하다가 한 가지 제안을 했다고 한다.

담배를 끊는다면 골프 회원권을 팔아서라도 일억 원을 상금으로 줄 테니 꼭 끊기를 바란다고 했을 때 손자는 "예, 할머니! 제 건강 때문에 그토록 걱정을 하시니 꼭 끊겠습니다. 그 대신 일억 원의 상금은 제가 받을 것이 아니고 주변의 어렵고 힘든 이웃과 항상 기도해 주시는 스님들께 그 은혜의 보답으로 사용해 주세요."라는 답을 했다고 한다.

또 이렇게 할머니를 놀라게 하는 감동의 말을 듣고, 순간 가슴에 감동이 밀려와 나는 "정말 멋져요! 너무나 잘 커서 그 어떤 보석을 지환이 키만큼 준다고 해도 바꿀 수 없는 보배입니다."라고 말씀드렸다.

바른 한 사람과의 인연은 세상에서 가장 큰 재산이라고 나는 늘 말해 왔었다. 이럴 때 옛날 나의 아버지 말씀이 생각나기도 했다. 신문이나 방송이 좋은 일 한 사람을 대서특필하여 사회에 많이 알려야 하고 나쁜 일들은 아주 작은 공간에 올리면 좋을 텐데 항상 나쁜 소식들이 크게 실려서 불만이라고 말씀하셨는데, 오늘 지환이 글을 쓰다 보니 그 말씀이 더 가슴에 와닿는다.

지환이의 자랑은 이보다도 더 많이 쌓여 있으나 지면紙面 관계로 여기서 멈추지만, 사람이 어릴 적부터 훌륭한 어른들의 가르침으로 좋은 인성을 배우고 실천할 수 있다면 가장 큰 복이라 생각된다. 삼천 년에 한 번 핀다는 우담바라 꽃 한 송이의 향기만큼이나 세상을 행복하게 하는 것도 사람이 하는 것이라 믿기에, 오늘도 큰 나무 숲이 여름의 쉼터로 최상이듯 지환이의 인생도 더 큰 나무로 자라나고 하늘의 별처럼 빛나기를 바라며 큰 소리로 파이팅을 외쳐 주고 싶다.

내 곁의 사람이 재산이고 보배이다

얼마 전 나와 인연 있는 한 대학 교수님이 아버지 기일을 맞아 범어사에 갔다가 아주 맑은 날씨에 곱게 물든 단풍 풍경을 사진에 담아 카카오톡 단체대화방에 올렸었다. 좋은 날씨와 풍경에 대한 답글을 쓴 사람들도 있었지만, 어느 한 분의 답글은 나의 심장을 잠시 멈추게 했다.

"우리 아버지 가시던 그날, 그 화창한 날씨마저 미웠다."라는 글이었다. 그러자 다른 한 분이 "오늘따라 부모님이 너무 보고 싶고 그립네요."라고 올렸다. 나는 가슴 가득 그리움과 서러움으로 꽉 찬 심정의 글을 올렸다. 눈물이 앞을 가렸다. "왜 그때는 이렇게 그리울 줄을 몰랐을까요? 부모 없는 우리끼리 만나 어디 가서 실컷 소리 내어 울어 볼까요?"라고 했을 때, 나와 같은 마음의 글들이 줄줄이 올라왔다. 절절한 그리움과 안타까움의 심정을 나눈 글들이었다. 사람들은 왜 헤어져서 만날 수 없을 때 비로소 그 소중함을 알게 되는 걸까?

내 인생의 가장 큰 가피라면 부처님의 품속에서 살아왔음이고, 정법의 가르침을 전해 주신 여러 어른스님들의 은혜로운 인연이 있었기에 지금도 가슴에 담긴 감사함이며, 지금 내 곁에서 함께 법담을 나눌 수 있는 도반들이 있음이니, 이보다 더 큰 은혜가 또 어디 있으랴. 가피는 감사하는 마음 안에서 생기고, 은혜를 알았을 때와 나눌 수 있을 때 더 큰 가피가 되리라.

새해에도 작은 공덕을 굴려 크고 아름다운 회향을 향해 서원의 합장을 올리옵고, 우리나라 대한민국 국민 모두의 건강과 행복으로 즐거운 세상이 이루어지길 간절히, 간절히, 손 모아 소망하며 소원의 절을 불전佛前에 올려 본다.

전라도와 경상도 사돈

　25년 전 둘째 딸을 전라도 집안에 시집 보내면서부터 전라도와 경상도 사람들이 사돈지간이 되었다. 사위의 직장을 따라 딸은 서울에서 생활했지만, 사돈과 우리는 모두가 부러워할 만큼 돈독한 인연이 되어 마치 친한 형제처럼 전화를 주고받으며 서로의 안부를 묻곤 한다.

　진심이 통하니 말씀마다 "세상에서 우리 부산 사돈 같은 사람이 또 어디에 있겠어요?" 하며 칭찬을 아끼지 않으셨고, 학교를 졸업한 후 제대로 배우지 못하고 시집을 간 우리 딸에게도 "살면서 다 배우게 된다."라고 다독여 주시며 허물도 너그럽게 이해해 주셨다.

　다섯 남매 모두를 반듯한 사회인으로 훌륭히 키워 내셨으니 어디 하나 부족함이 없는 자랑스러운 사돈네 가족들에게 존경하는 마음이며 사돈과의 인연에 고마워하는 것이다.

그동안 단 한 번도 불편한 말이나 마음을 내비친 적이 없으셨고 힘들게 농사로 지은 쌀과 김장까지도 해마다 잊지 않고 보내 주셨으니 늘 미안한 마음이다. 심지어 고추장까지도 맛보라며 보내 주시니 이 고마움을 어찌 다 갚을 수 있을까 싶다.

그런데 왜 선거 때만 되면 우리 정치인들은 편 가르기 하느라 바쁘고 영남 지역과 호남 지역의 관계가 마치 적인 것처럼 싸우는 모습들을 볼 때마다 참으로 어이가 없고 이해가 되지 않는다. 경상도에 살면 경상도 사람이고, 전라도에 살면 전라도 사람일 뿐이지 다 같이 피를 나눈 한 민족이자 대한민국 국민이 아닌가. 그런데 어째서 이 작은 땅 위에서 아귀다툼을 하는지, 제발 우리 집 사돈 관계처럼 잘 지냈으면 좋겠다.

한 집안의 형제라도 뜻이 달라 때로는 다투기도 하지만 근본은 가족이고 미워할 수 없는 인연인데 남들의 소리에 흥분하지 말고 바로 보는 눈으로 옳고 그름을 판단해야 하지 않을까? 불교의 가르침 중에 팔정도八正道의 글귀를 한 번만이라도 새겨 보면 좋겠다.

팔정도는, 첫째 바르게 보는 정견正見, 둘째 바른 생각을 하는 정사유正思惟, 셋째 바른 말을 하는 정어正語, 넷째 바른 행동을 하는 정업正業, 다섯째 바른 삶을 사는 정명正命, 여섯째 바른 노력을 하는 정정진正精進, 일곱째 바른 마음 챙김의 정념正念, 여덟째 바른 집중을 하는 정정正定을 뜻한다.

　세계 속에서 부끄럽지 않은 대한민국 국민으로 당당하게 살 수 있도록 한국의 위상이 더욱 높아지길 간절히, 간절히 손 모아 기원한다.

다반茶伴 도반道伴의 인연

차향茶香에 끌려 도반을 만난다.
도반을 만나 차를 마신다.
도란도란 나누는 담소마다
수행의 언덕길 바라보며
가슴에 담긴 추억들도 열어 본다.
차 한 잔 한 잔마다
불은佛恩에 올리는
공양의 향기로 허공을 채운다.

너로부터 나로부터 하나가 된 마음으로
부처님 품속에 안겼으니
찻잔 속의 향기가 되어 너도 없고 나도 없이
올올이 옷자락마다 배어들어
차가 무엇이며 향기가 무엇일까?
찻물 끓는 소리에 눈을 돌려 보니
이미 향기의 고마움이 되어
향기 공양을 나누고 있었네.

변하는 세상,
변하지 않는 진리

손등의 주름을 보고
세월의 흔적을 알았거늘
그래도 옛날은 보이고 미래는 알 수가 없어라.
오지 않은 미래에 나를 맡기니
지금이라는 단어가 나를 보고
슬며시 윙크하고 있다.

택시 운전사가 된 스님

비가 오던 어느 날 택시를 타게 되었다. 택시 안에는 작은 불상들이 모셔져 있었고 마치 작은 법당처럼 장식되어 있었다. 나는 기사님께 "어느 절에 다니시는지요?" 하고 여쭤보았다. 그런데 뜻밖에도 기사님은 "저는 스님입니다."라고 말씀하셨다.

작은 개인 절을 운영하고 있는데, 코로나 이후 너무 어렵고 힘들어져서 이렇게 일하지 않으면 안 될 정도라고 했다. 그 순간 나는 눈앞이 아찔해졌고, 걱정 어린 마음으로 스님과 잠깐이나마 대화를 나누게 되었다.

옛날에 우리가 절에 다닐 때는 신심으로 다녔지만, 지금은 걸어서 절에 가는 성의도 없고, 쌀을 이고 가서 부처님 전에 올리는 정성도 없고, 부처님 코앞에까지 차를 타고 가는 불자들이 많으니, 불자가 아닌 방문객을 보는 듯한 느낌이다.

　옛날에는 기도하기 전에 집에서부터 음식도 가려 먹었고 목욕재계하여 청정한 모습으로 절에 가서 적어도 3일 기도, 7일 기도, 때로는 100일 기도도 했을 만큼 신심이 깊었다. 기도란 무릇 정성과 지극함과 간절함이 담겨 있어야 했다. 그런데 지금은 당일에 가서 입재만 하고 기도는 스님에게 맡겨 둔 채 회향 날 얼굴만 내밀거나, 심지어 이마저도 지키지 않고 기도를 형식으로만 생각하는 이들을 많이 보게 된다.

　오늘날 수많은 절이 생계가 어렵다면 어찌 포교에 힘을 쓸 수 있을까? 기본 요금의 택시비를 만 원으로 드리며 인사하고 택시에서 내렸다. 집으로 돌아와서 괜스레 고민에 빠졌다. 어디를 가더라도 스님은 존경받아야 하고, 신도보다 더 많이 알아야만 사회인들의 학벌에 눌리지 않을 것이기 때문이다.

　스님을 한번 바라보면 절로 신심이 생기고, 모르는 스님일지라도 찾아가서 친견을 청하고 정성으로 공양 올린다면 얼마나 아름다운 불가佛家의 모습일까? 불단에 올려진 사탕과 과자를 남겨 두었다가 어린아이들이 엄마와 절에 올 때마다 하나씩 나누어 주면, 아이는 스님을 기억할 것이고 다음이라도 부처님 도량에 낯설지 않게 오지 않을까 싶다.

　요즘 아이를 많이 낳지 않아 학교도 문을 닫는 시대에 살고 있으니 출가할 스님조차 줄어드는 현실이 걱정이다. 절에는 스님이 부족하고 작은 절에는 신도가 없어 고민하는데, 이참에 모두가 큰절 대중으로 모여 함께 생활한다면 목탁 소리가 끊임이 없고 신심의 도량이 이뤄지지 않을까? 나는 한참 고민에 빠져 있었다.

세월 따라 변해 가는 세상

　이 세상에 변하지 않는 것은 없고 영원한 것 또한 없다. 우리 어린 시절에는 좁은 오솔길을 따라 산을 올랐고, 높고 낮은 바위를 타고 오르다가 미끄러지기도 하였는데, 지금은 산마다 어린아이나 나이가 많은 노인들까지도 힘들지 않게 산책처럼 즐겨 다닐 수 있도록 마루처럼 나무로 잘 엮은 길을 만들어 놓았다. 너무나 신기하고 감격했지만, 마음 한편으로 산이 가지고 있는 그 위엄과 아름다움의 가치를 무색하게 하는 무례한 사람들의 장난 같은 느낌은 나만의 생각일까?
　우리 어릴 적에는 박을 심어 물바가지로 사용했는데 어느 때부터 플라스틱 그릇과 함께 구경도 해 본 적 없던 갖가지 종류의 기구들이 등장하게 되어 편리하고 모양도 좋아 보였다. 하지만 지금에 와서 이 모든 것이 과용으로 인해 세상의 재앙이 되어 가는 무서운 결과를 눈으로 보게 되는 것 같은 안타까움에 걱정이 쌓이고 답답한 마음이다.

20여 년 전 미국에 갔을 때였다. 쓰레기통에 버려진 일회용 그릇들이 너무도 예쁘고 훌륭한 좋은 그릇들이라서 다시 사용할 수 있는 것을 버렸다는 안타까움에 "미국 사람들은 저러다가 벌 받을 거야." 하며 혼잣말로 중얼중얼했던 기억이 생생한데 지금 우리나라가 그때 그 모습과 똑같아 마음이 무겁다.

나는 배달 음식도 마음이 아파서 못 시킨다. 너무 많은 일회용기를 버려야 하는 걱정 때문이다. 이대로 가다가는 우리 인간이 만든 편리로 우리 인간이 병들어야 하는 이기심을 누가 어떻게 회복시킬 것인지, 왜 나는 나 혼자만의 고민처럼 가슴 아파할까?

첨단을 달리는 지금의 이 희귀한 세상에는 예전에는 듣지도 보지도 못했던 새로운 세계가 펼쳐지고 있지 않은가! 불과 몇십 년 전만 해도 집에 전화만 있어도, TV만 있어도, 또 피아노가 있으면 부잣집으로 알고 있었는데 지금은 자가용, 핸드폰, 컴퓨터 등 이 모든 것을 다 갖추고 있으면서도 늘 무언가 부족함을 느끼고, 기쁨과 보람을 느끼기보다 더 큰 욕심으로 인해 행복 지수는 자꾸만 떨어지고 있다고 한다.

옛날 내가 젊었을 때는 전화번호도 머리로 외워서 틀리지 않고 통화를 했었는데, 지금은 모든 사람들이 핸드폰에 번호를 저장해 두고 그대로 통화를 하다 보니 심지어 자기 번호마저도 기억하지 못한다는 말이 있으니 과연 편리하기만 해서 좋을까?

머리로 노력하지 않아도 쉽게 알 수 있는 인터넷 때문에 선생님이 필요하지 않을 정도이고, 심지어 쌀을 씻는 기계도 있어 매니큐어 지워질 일조차 없고, 밥은 전기밥솥으로, 설거지는 식기세척기로, 빨래는 세탁기로, 청소는 로봇 청소기로 하여 이렇게 손으로 고생하지 않아도 살 수 있는 이 세상에 살고 있으니 나는 내 엄마 생각이 너무나도 간절하다.

시부모를 모시며 네 아이를 키우고 찬물에 빨래하고 설거지하고 머슴과 짐승들도 돌봐야 하고, 그 바쁜 시골 농사일까지 하며 밤에는 옷을 만들 길쌈도 했으니 한시인들 편할 시간이 있었을까? 생각하면 눈물이 난다. 그렇다고 지금도 그리 살라는 법은 없지만 내가 보아 온 세상 변화에 너무 화가 난다. 이런 세상을 함께 살아 보지 못했기 때문이다.

한가히 절에 가서 스님의 법문도 듣고, 방생이며 산사 순례도 다녀오고, 또 좋은 인연들과 차담도 즐기는 그런 시간이 엄마에게 한 번이라도 있었다면 이렇게 마음이 아프지는 않을 것이다. 그래서 엄마가 가신 지 50년이 넘었지만 영가 축원만은 빠뜨리지 않고 올리고 있다. 어느 세상에 다시 태어나 지금처럼 누리고 살고 있을지라도 나는 엄마의 자식으로 그리움에 대한 보답이라 생각하기 때문이다.

49재의 달라진 의미

지금까지 내가 보아 온 49재는 참으로 엄숙하고 조용한 분위기 가운데 스님의 염불과 함께 금강경을 읽으며 왕생극락을 발원하는 뜻으로 예식에 임하는 것이었다.

그런데 지난 1월 동국대학교 이사장이신 돈관 스님의 속가 어머니의 49재가 있어 대구 불광사에 간 일이 있었다. 스님은 동국대학교 이사장이자 영천 선화여고 이사장으로 계시며 학생들을 신심 있는 불자로 키우기 위해 포교에 혼신을 다 바쳐 노력하시는 훌륭한 분이시다. 나와는 일타 큰스님을 스승으로 모셨던 문중의 일원으로 친히 지내 온 사이다.

법당에는 학교와 관련 있는 내빈들과 학생들, 신도님들로 가득했고, 고인의 왕생극락을 함께 발원하고 있었다. 스님은 가사를 수하지 않고 영정 앞에 조용히 앉아 계셨다. 장삼 자락에 가끔 눈물을 떨구는 모습에, 가슴 한편이 무너지는 듯한 슬픔이 우리 모두에게도 전해지고 있었다.

사중 스님들의 지극한 염불과 축원으로 숙연해진 법당에서 차례로 헌화한 뒤, TV에서 자주 보았던 국악인 박애리 씨와 그의 남편 팝핀현준 씨 두 사람이 부처님 앞으로 나왔고, 영가를 위한 노래와 춤이 시작되었다.

어느새 법당에서는 박수 소리가 나기 시작하더니 마치 축제의 장이 펼쳐진 듯했고, 그다음으로 성악과 합창, '타타타'로 유명한 김국환 씨의 노래까지 이어지며 공연장 같은 분위기가 되어 슬픔이 아닌 흥겨움으로 가득했다.

마지막으로 돈관 스님께서 인사말을 하시며, 생전에 자식으로서 1년에 한 번만이라도 찾아뵈었다면 오늘 이런 후회는 없었을 것이라며 어머니에 대한 그리움을 말씀하셨다. 스님으로 살면서 효도하지 못한 애환을 말씀하실 때는 나도 그 마음을 읽을 수 있어 마치 나의 후회인 것처럼 슬픔을 가눌 수 없었다.

이어서 스님께서는 "어머니 보살님은 생전에 풍류를 즐기셔서 동네에 일이 있을 때마다 장구를 치셨다."라고 하셨다. 그 말씀에 '아, 그랬구나! 어쩐지….' 하는 생각이 들었다. 그래서 오늘 영가님 가시는 길에 스님의 축원 염불과 함께 많은 인연들의 흥겨운 노래와 춤으로 극락 가시는 길을 전송해 드렸으니 훨훨 춤추며 가셨으리라 믿어지며 마음이 홀가분해졌다.

돌아오면서 나는 스님의 어머니는 참 좋으시겠다고 생각했다. 이렇게 세상에서 존경받는 큰스님으로 낳아 주신 그 은혜에 우리 모두 감사하고 있으니 이보다 더 큰 보람이 또 있으실까? 훌륭한 스님으로, 불가佛家의 큰 인물로, 신도들에게는 큰 스승으로, 학생들에게는 꿈과 희망으로 큰 믿음을 알게 해 준 스승이시니 이 얼마나 큰 자랑이겠는가!

스님은 부모로부터 받은 솔씨 하나로 태어나 잘 자란 큰 소나무가 되었으니 누구나 쉬어 갈 수 있는 큰 그늘을 이루셨어라. 세상의 큰 보배 나무가 되었어라. 인연은 뿌리이고 전통이다. 아름다운 인연을 더 아름답게 승화하여 우리 모두 부처님의 자취를 따라야 할 것이다.

생전에 한 번도 뵌 적 없었지만, 나는 그날 하루 내내 스님의 어머님께 고마워하는 마음으로 감사의 합장을 올리며 불자로서 부러움도 느꼈다. 스님은 불효했다는 죄책감으로 목메어 하셨지만, 그래도 어머니께서 가시기 이틀 전, 스님께서 종단의 거룩한 종정 스님께 포교대상을 받으셨으니 이보다 더 큰 효자의 모습이 또 있을까 싶다. 살아생전 마지막으로 어머니께 드린 행복한 선물이 아니었을까?

이해와 용서

　모든 것이 너무 가까이에 다가와 있다. 옛날에는 전생의 과보로 금생을 살고, 금생의 업보로 내생을 받는다고 했는데, 지금은 모든 것이 금생의 업보를 금생에 다 받는다고 해도 틀린 말이 아닐 정도로 좋은 것도, 싫은 것도 여유를 두지 않는다.
　옛날에 우리가 자랄 때는 사람을 해害하였다는 말을 들은 적이 많지 않았다. 장에서 만난 누군가가 이웃 마을 사람이 욕을 하고 흉을 보았다는 말을 들었을 때 가서 한바탕 따져 볼 마음으로 길을 나섰는데, 그때는 차가 없을 때여서 걸어서 한참 가야 하니 가다가 자갈길도 만나고 개울물도 건너고 돌다리도 건너면서 스스로 원망하는 마음을 잊어버리게 되어 정작 그 사람을 만났을 때는 허허 웃는 얼굴로 안부를 물었고 막걸리 한 잔으로 허물이 사라지니 도리어 아쉬움만 남았다는 말을 들었었다.

　그런데 지금은 어떤가? 먼 외국 어느 곳에서라도 귀에 거슬리는 좋지 못한 말을 들으면 금방 흥분된 목소리로 전화를 하여 곧장 달려와 일을 저지를 것처럼 따지기부터 하지 않는가! 마음을 정리해서 차분히 풀 수 있는 문제들까지도 화가 나면 즉설주왈로 공격부터 하고 정제되지 못한 언행을 마구 쏟아 버리니 그것이 화근이 되어 사회적으로 큰 문제가 되기도 한다.

　이처럼 들끓는 성격을 잠재워 줄 수 있는 부모와 스승이 필요할 때이다. 사람마다 근기에 따라 처방도 다르겠지만. 우선 돌처럼 바위처럼 가만히 앉아 자신의 마음을 살펴볼 수 있는 기회만 가져도 남을 쉽게 이해하고 용서하지 않을까 싶다.

부산국제불교박람회에서 느끼다

 우리 내외가 딸과 함께 벡스코 전시장에서 열린 부산국제불교박람회를 관람하러 갔었다. 입구에서부터 나는 감동하고 감격하며 행복해지기 시작했다. 불교 행사가 전에 없던 젊음의 광장으로 바뀌어 있음에 놀라웠다.

 입구부터 꽉 막힐 정도로 당당한 청년들이 줄을 서 있는 광경과 모두가 큐알코드를 찍고 입장하는 모습에 내 가슴이 마냥 행복으로 들떠 있었다. 부스마다 줄을 서서 재미있는 굿즈를 구하는 그 모습은 너무나 고맙고 아름다워 보였다.

 전시의 내용도 많이 좋아진 분위기였고, 여기에 관계된 모든 불자들의 노력이 다시금 보였다. 이렇게 불교의 가치가 젊음으로 변하고 번진다는 사실에는, 그 내용부터가 어렵지 않고 재미있게 부처님을 형상화함으로써 젊음을 받아들이기 위한 풍자였다고 생각된다.

　무조건 불자가 많아지길 바라는 내 욕심 때문인지는 몰라도 좋은 현상이었다. 많이 바뀌고 많이 달라진 부처님 세상을 보는 것 같았다. 소품에 깃든 갖가지 아름다운 선물과 사경의 마음을 일으킬 책과 금색 필기도구 등 이 모두가 불자가 되고 싶은 설렘을 일으킬 것이다.

　우리 딸도 작은 불상이 작은 돌 속에 모셔진 형상을 갖고 싶어서 하나 마련하였고, 벽에 걸어 두고 한 번 바라보면 한 번의 기도가 되리라 믿는다. 명상의 종소리도 들으며 마음 챙김의 여유를 얻으려는 마음이니 기대가 된다.

　동참하지 못한 동생들까지 챙겨서 기념품을 사고 사경 책도 준비하여 동생들과 통화하는 모습이 너무 보기 좋았고, 고맙고 자랑스럽고 행복했다. 이곳에 온 모든 사람들마다 보는 신심이 실천의 신심으로 변화했으면 좋겠다.

　이참에 전국의 베스트 엑스포로서 불교박람회의 가치가 더욱 활발하게 퍼지길 바라면서 우리나라가 불교의 나라, 불국정토로 완성되길 소원한다. 나도 멀리 있는 손자 손녀들에게 더 많은 자랑으로 참여하게 해야겠다. 만남마다 공짜가 아님을 알게 되길 바란다. 눈으로 가슴으로 담아 가고 손으로도 가져갈 수 있는 좋은 소재가 발견되면 좋겠다.

　각 나라에서 참여한 부스마다 참여의 보람과 한국의 감동과 보람을 안고 간다면 더 좋은 도반들이 늘어날 것이다. 세계가 한 지붕임은 하늘이 하나이기 때문이고 바다도 하나이기 때문이다. 땅의 모양이 달라서 내 나라 네 나라가 되었고 국경선이 있어 자유롭지 못하지만, 마음의 길은 극락으로 함께 누릴 수 있는 것! 함께 잘 살아가면 좋겠다. 네 것도 내 것도 아닌 부처님 뜻과 같은 마음으로 하나이길….

내 부처님

내 부처님은
내 안에 계신다.
내가 웃을 때 기뻐하고
내 속에 있길 좋아하고
내가 슬플 때
내 속이 답답해
나를 떠나고 싶어 한다.
모든 것을 사랑으로 대하면
부처님도 행복해한다.

사람사람 높고 낮음 있으랴만
귀한 사람 귀한 일 하도록
받쳐 줄 때
그 낮은 합장이 더욱 아름다운 일.

배우지 않으면 알 수 없지만

　나날이 발전하고 변화하는 세상을 따라잡기가 여간 어려운 일이 아니다. 손바닥만 한 핸드폰 하나로 수많은 정보와 보물 같은 지식을 만날 수 있지만, 사용할 줄 모르면 그마저도 깜깜이 무식이 되고 마는 세상이지 않은가.
　나이 든 사람들 중에는 카카오톡은 고사하고 문자 메시지조차 주고받을 줄 모르는 사람들도 많다. 그렇다고 해서 그들이 무식한 사람도 아니고, 한때 남들에게 훌륭한 대접을 받던 사람임에도 귀찮다고 아예 무시해 버리거나 배우려 하지 않으며 필요하면 전화를 걸면 된다고 우기지만, 이런 문명을 이미 익숙하게 즐기고 있는 사람들에게는 소통이 되지 않아 답답할 때가 한두 번이 아닌 것이다.

그러나 때로는 영상과 문자, 카톡 때문에 너무나 많은 문제를 일으키기도 하는 경우를 흔히 보게 된다. 아이들이 자라고 있는 집에서는 아이들이 부모들의 감시를 피해 공공연하게 공부에 방해가 되는 시간 낭비로 즐기고 있을 뿐 아니라 정서적인 부분에 해害가 되고 있어 심각하게 생각해 봐야 할 일이 되었다. 어른들도 재미로, 흥미로 즐겨 보는 영상과 문자들을 공유하기 시작하면서부터 생각 없이, 분별없이 상대를 가리지 않고 마구 퍼 날라 단순한 재미가 아닌 부부의 문제, 가정의 문제가 되어 다툼을 일으키기도 하는 일들을 흔히 보게 되니 실로 이롭기보다 차라리 모르는 편이 더 나을 수 있지 않았을까 싶기도 한 것이다.

우리가 살아오면서 사용해 온 우리 고유의 언어마저 점점 기계처럼 변화하여 이미 너무 많이 진행되어 되돌릴 수 없는 지금에 와 있음을 보게 된다. 예를 들어 '내로남불'이라는 말도 바로 말하면 '내가 하면 로맨스고, 남이 하면 불륜'이라는 뜻이라고 한다. 이런 비슷비슷한 글귀가 너무나 난무하여 조용하고 아름답던 우리 옛말들이 크게 손상을 입게 된 것 같아 안타까운 마음이 드는 것은 나 혼자만일까?

심지어 높은 건물이나 새로 지은 고층 아파트 이름마다 우리말을 찾기 어려운데, 시어머니가 아들 며느리의 집을 찾기 어렵도록 외국어로 짓는다는 말까지 나올 지경이다. 물론 우스개로 하는 말이겠지만 이 또한 한국을 잃어 가는 모습이 아닌가 싶다.

　노인이라고 이런 시대적 흐름과 변화를 배우지 않으면 손주는 물론 아들딸들과도 소통이 어려울 지경이니 똑똑하지 않으면 제자리 찾기가 쉽지 않은 지금에 살고 있어 부대끼는 느낌이다.

　밥을 지을 때, 쌀을 씻을 때도 첨단 과학의 힘으로 편히 기계를 이용하고 청소며 빨래 등 이 모든 가사 노동까지 사람이 아닌 기계에 맡긴다고 하니, 앞으로는 먹여 주고 재워 주는 기술까지도 발전될 것 같다.

　그러나 이러한 변화 속에서도 변할 수 없는 우리의 본래 성품! 그것만은 그 누구도 변화시킬 수 없는 것으로 오직 스스로 헤쳐 가야 할 숙제이고 나를 지킬 수 있는 마지막 인간 본래의 모습이기에 배려하고 용서하며 진실이라는 단어만은 깊이 안고 살아야 할 것이라 믿는다.

자연이 들려주는 법문

　새봄을 알려 주는 매화꽃나무 아래서 다향茶香으로 차를 마신 지가 엊그제였는데 어느새 다 지고 아주 작고 앙증맞은 매실이 자라고 있다. 매화를 닮은 벚꽃들이 산이며 공원이며 가로수에도 온통 피어 가슴을 설레게 하더니 바람과 비에 견디지 못해 눈처럼 휘날려 떨어지고 성급한 잎들이 자라나서 꽃자리를 메웠다.
　그토록 우아함을 자랑하던 목련 꽃도 미련 없이 져 버린 허허로운 허무를 보는데, 날마다 이렇게 새로운 꽃들이 피고 지고 무상법문無常法門을 들려주지만 우리 인생은 늙음의 기차汽車를 탄 것조차도 느끼지 못한 채 오늘을 살고 있지 않는가!
　지금, 지천에 널린 가지각색의 꽃들을 보면서 이름도 다 알 수 없거니와 어쩌면 이리도 예쁜 색들을 입고 나왔는지 궁금하고 신비롭고 기특한 이 법회에 내가 있음이 선물 같아라. 여인들의 아름다운 옷들도 아마도 고운 꽃들을 보고 색을 배웠을까? 동물만의 생명이 아닌 이 수많은 나무와 풀들의 생명에도 우리 모두가 넉넉하고 자비로운 손길로 사랑하며 아껴 준다면 나 자신이 더 큰 행복 속에 살게 될 것이라 믿는다.

오래전 외손자 원영이가 아주 어렸을 때, 아무 생각 없이 무심코 걸어가고 있는 나를 보고 했던 말이 생각난다. 어린아이가 "할머니! 발아래 생명도 생각하며 걸어야 해요."라고 하기에 너무 놀라고 당황스러웠던 그때의 기억을 법문처럼 간직하게 되었다.

어느 생명인들 소중하지 않음이 있을까? 겨울 내내 죽은 듯 깡마른 가지마다 봄이라는 계절을 만나 새잎들이 투박한 나무 틈새로 비집고 나오는 모습이 마치 갓난아기 볼처럼 귀엽고, 향기는 아기 젖 냄새 같았어라.

우리 집 베란다에도 작은 식물원처럼 꽃과 나무가 가득하니 아침이면 제일 먼저 안부 인사를 하고 물을 주며 정성으로 살피니 유난히도 꽃이 잘 피는 집이라고 남들이 부러워할 때도 있다. 22층 높이지만 이런 꽃과 나무가 있어 마치 마당 있는 집처럼 평온함을 느끼기도 하니 가족 같은 존재이고 사철 내내 꽃과 푸른 잎을 볼 수 있음에 감사하다. 산에서 주워 온 솔방울에서 씨앗이 떨어져 새롭게 싹이 나서 자라고 있으니 언젠가 소나무가 될 것이고, 차나무 아래 떨어져 있던 씨앗을 화분에 심었더니 차나무가 되어 자라고 있어서 신기한 가족이 된 것이다.

옛날 해인사 지족암에 주석하고 계셨던 일타 큰스님을 어느 해인가 이맘때 뵈러 갔을 때 마른 차茶 한 통을 선물로 주셨다. 새봄에 새순으로 백 가지 풀과 나뭇잎으로 만든 차라고 하셨다. 이때는 어떤 식물이든 독이 없고 설령 독이 있다 하더라도 백 가지의 잎으로 더 훌륭한 약藥과 같은 차가 된다고 하셨다. "정성과 기도가 깃든 차이니 감사하는 마음으로 천천히 입안에 머금다 넘겨라."고도 말씀하셨다.

또 불일암 법정 스님께서 써 주신 글 중에 시처럼 노래처럼 간직해 온 구절이 하나 있다. 불일암에 오르는 오솔길을 걸으시며 느끼셨던 마음을 옮겨 적으신 글이었으리라.

"산에는 꽃이 피네. 산에는 꽃이 지네."

이 짧고 간결한 글 속에 자연을 다 품고 있는 것이 아닐까? 수없이 많은 꽃들이 피고 지고 피고 지는 것을 혼자 보기 아까워하시던 스님이셨다. 손수 만드신 나무 의자에 앉아 작은 채소밭의 상추와 아욱이 함께 자라는 모습을 즐겨 보시며 "가까운 곳에 살면 여기 이 채소들을 함께 나누어 먹을 수 있을 텐데…."라고 하셨던 그 말씀이 이제는 가슴속 그리움이 되어 버렸다.

올해는 자주 만나 차를 마시는 도반의 차실 마당 한쪽에 아주 작은 텃밭을 한 골 빌려 쓰기로 했다. 그곳에 상추도 심고, 파도 심고, 고추도 몇 포기 심어서 갈 때마다 물을 주고 재미로 잘 키워서 누구든 조금씩 나누어 준다면 얼마나 좋을까 생각하니 벌써부터 그 텃밭에서 수확을 하고 있는 내 모습이 머릿속에 함께 그려지고 있다.

옛날 내가 어렸던 시절에도 그랬다. 밭에서 가지와 오이 등 갖가지 채소들을 딸 때마다 엄마는 이웃에 나눠 주는 심부름을 내게 시키셨다. 심지어 새로 담근 된장도 이웃에 나누던 엄마 모습이 지금도 눈에 선하여 보고 싶다. 이렇게 이웃과 나누던 그때의 인심이 사람의 향기가 아닐까?

지금은 고추 한 포기 심지 않는 도회지에서 삭막한 인심으로 이웃도 몰라보는 이기심을 바라보며 안타까움을 느낀다. 형식을 중요시하는 세상이지만, 아름다운 진심만이 가장 행복한 삶의 모습이고, 정직한 말과 행동으로 신용과 신뢰를 잃지 않아야 참된 인격과 가치 있는 존재의 인식을 얻게 될 것이다.

봄이 오는 문턱에서

생명의 고귀함을 느껴 본다.
죽은 듯 깡마른 가지로 헐벗고 서 있었는데
따스한 봄바람이 불어오니 가지마다 다시 물이 올라
새순을 틔울 준비로 바쁜 모습이다.
발아래 풀들도 차가운 땅을 비집고 나와
죽은 듯했지만 살아 있다는 안부를 전하며 고개를 내민다.
매화꽃 산수유꽃 제일 먼저 피었고
개나리 진달래도 질세라 피어난다.
이렇게 봄은 새벽처럼 싱그럽게 깨어나고 있다.
그런데 나는 아직도 두꺼운 옷 걸치고 있으니
나무와 풀보다 늦은 봄일까.
사람의 늙음은 시든 호박처럼 둔해만 가니
그래도 살아 있음에 감사해야 하지 않을까.
이 봄을 볼 수 있으니 말이다.
차실 마당에 핀 하얀 매화꽃을 따서
차를 우려 향기로 마신다.
몸 안에 번지는 봄의 향연이지만
왠지 미안해지는 마음에 야릇한 축원 드리니
어찌 보답이 될까.

집 앞 재개발 현장을 보며

　오랜 옛날부터 다닥다닥 붙어 있던 작은 집들이 헐리고 허허벌판의 넓은 땅이 드러났다. 본래 자연의 모습 그대로 변해 버렸다. 큰 차들이 부지런히 건물의 잔해와 바윗돌을 실어 나르고 터를 고르는 작업이 진행되면서 소음과 먼지가 일었지만 이웃이라는 이유로 모두 감당해야 했다. 그래도 날마다 베란다에 서서 관심 있게 지켜보고 변해 가는 모습들을 사진으로 담으며 많은 생각을 하게 되었다.

　본시 하나의 땅이었는데 사람들이 내 것과 네 것으로 나누어 크고 작은 집들을 짓고 살아왔던 것. 지금 이 모습이 바로 내 것도 네 것도 아닌 하나의 땅이었다. 모두가 한 덩어리 그 자체일 뿐인데, 지금 또한 변해 가고 있다.

하나의 땅 위에 37층 고층 아파트가 세워져 4천여 세대가 입주할 계획이라니 얼마나 많은 변화가 있을지 벌써부터 궁금해지고, 왠지 모를 분별과 차별이 느껴진다. 긴 세월 동안 한 번도 햇빛을 본 일이 없었던 깊은 땅속의 황토색 흙이 기계를 통해 밖으로 쏟아지는 모습을 보며, 그곳으로 가서 손으로 만져 보고 싶다는 충동을 느꼈고 흙에게 빛을 본 소감을 묻고 싶었다.

그리고 땅속에 묻혀 햇빛을 만난 적 없었을 크고 작은 바위와 돌이 큰 트럭을 타고 어디론가 실려 나갈 때는 그 바위와 돌의 심정이 또한 궁금해지기도 하였다. 아마도 터전을 잃은 서운함이나 세상 구경이 처음이라 느껴지는 두려움도 있었으리라. 괜스레 내 가슴이 슬퍼지는 이유는 무엇이었을까?

쿵쾅쿵쾅 소리를 내며 단단한 파이프로 땅을 다지기도 하고, 무거운 철근을 옮기기도 하고, 여러 가지 자재를 종일 실어 나르는 기술들을 보는 재미도 있었다. 날마다 변해 가는 공사 현장의 모습을 관찰하는 것이 하나의 일상이 된 것이다. 아주 큰 바위가 나올 때마다 나는 그 바위에 부처님을 새기고 경구를 써서 법당에 세워 둔다면 바위의 또 다른 공덕이 되지 않을까 상상도 해 보았다.

예전에는 동네에 작은 집들이 옹기종기 붙어 있어 이웃과 한집처럼 정답게 지내며 집집마다 아이도 낳고 학교도 보내면서 모두가 티 없이 밝은 모습으로 마주 보며 살았다. 그런데 우후죽순으로 큰 건물들이 생겨나면 이웃은 점점 멀어질 것이고 생활 환경도 많이 바뀔 것이다.

  사실 우리 집은 아주 멀리까지 탁 트인 전망이 좋아서 누리고 살았는데, 집 앞에 새로운 건물들이 우뚝 세워지고 나면 시야가 가려져서 답답해지겠지만, 동네가 정돈되면 예쁜 길도 생기고 정원 같은 꽃밭도 생길 것이다. 부디 무사히 완공되기를 날마다 빌며 축원하고 있다.

사람도 자연이다

　우리는 자연 속에 있으면서도 우리 또한 자연인 줄은 모른 채 살고 있다. 사계절에 따른 자연의 변화처럼 우리 인생도 생로병사로 저물어 가고 있다. 자연이 보여 주는 봄, 여름, 가을, 겨울을 지내면서 당연히 그렇게 변해 간다고 알고 있을 뿐이다.
　그러면서 사람은 저마다 나이가 들어 늙어 가는 모습에만 한탄하고 더 나은 업보를 이루기 위해 노력하기보다는 현재의 삶에만 집착하여 정리하려 하지 않는다. 요즘 우리 사회의 뉴스는 너무나 끔찍하고 놀라운 소식뿐이다. 왜 이리 산불이 자주 일어나는지 실수라도 용서할 수 없는 일인데 일부러 또 무슨 심보로 불을 질러 우거진 산을 태우고 집을 태우고 사람을 죽게까지 하는지 도무지 알 수가 없다.

수많은 생명의 터전인 산이 탈 때 그 생명들은 피할 곳도 없이 얼마나 당황하고 놀랐을까. 아름다운 숲과 생명들이 그 뜨거운 화마에 타서 죽을 때 아비규환의 슬픈 소리가 하늘 높이 진동했을 텐데 야속한 세상만 탓했을까? 어찌 이리도 잔인하고 무식하고 악랄한 인간들인지, 원한이 되는 죽음으로까지 몰아야 했을까?

　사람의 모습으로 살면서 한 치의 양심도 없는 호기심이라는 말은 어떤 자비심으로도 용서할 수 없는 비굴함이고 어떤 말로도 변명이 될 수 없는 죄일 뿐이다. 미쳤다고 해도 이럴 수는 없는 일이다.

　가뭄에 강물도 모자라는데 불을 끄기 위해 소방 헬기로 그 물을 퍼다 나르며 불을 끄려다가 목숨을 잃었다는 뉴스에 가슴을 치며 통곡만 나올 뿐, 차마 강 건너 불을 보듯 손 놓고 구경만 해야 했던 그 가족들의 슬픔을 누가 대신할 수 있단 말인가?

　사람들이 불을 끄기 위해 산으로 갔다가 돌아오지 못한 그들의 가족과 혹은 집 안에서 미처 불을 피하지 못해 죽은 이의 억울한 죽음을 어찌 남의 일이라고만 할 수 있단 말인가. TV를 볼 때마다 발을 동동 구르며 "어쩌나… 어쩌나…"를 연발하며 눈물을 흘리지만 아무 도움도 될 수 없었다. 산속에서 산이 좋아 숲이 좋아 뛰놀던 산짐승들은 활활 타오르는 불길이 얼마나 무섭고 두려웠을까? 그 생명들을 생각할수록 소름이 돋고 가슴이 아파 잠을 이룰 수가 없는데 왜 또 한꺼번에 다발적으로 이곳저곳에서 동시에 불이 났을까?

이 모두가 사람이 저질러 놓은 죄악인데 죄가 죄인 줄 모른다는 것이 더 답답할 노릇이었고, 국보로 지정된 절마저 함께 무너져 내릴 때는 너무나 안타까워 숨이 멎을 것만 같았다. 아무리 빌어도 빌어도 내 기도만으로는 닿지 않았던 참담함뿐이었다.

앞으로 백 년을 기다려야 그 산이 본시대로 복원이 될까? 그토록 아름다웠던 숲을 다 태우고 검은 재가 되어 버린 산山님에게 미안하고 미안해서 너무 마음이 아프다. 그 산에 살았던 토끼, 노루, 사슴, 또 작은 다람쥐와 청솔모, 헤아릴 수 없이 많은 새와 곤충들 모두가 부둥켜안고 울 시간조차 없었을 강풍의 화마였으니 오죽했으랴.

열 번 백 번을 성토해도 분함이 풀릴 수 없는 애달픔을 표현조차 할 수 없다. 경전에 화탕지옥이라는 곳이 나와 있는데 이런 곳이었을까? 지금 나라도 세계도 온통 불타는 화택火宅처럼 서로서로를 태우는 불행의 일들이 터지고 우리 국민 모두가 불안한 이때, 나라를 지켜야 할 높은 관직의 사람들이 마치 자기들만의 세상인 것처럼 무소불위로 날뛰니 이건 아귀의 전쟁터가 되어 가고 국민을 아끼고 살펴 줄 그 누구도 보이지 않으니 참으로 어이 없는 현실에 소식마다 어지러울 지경에 이르렀다.

옛날 우리가 어렸을 때는 비록 가난은 했지만 남을 속이거나 해치지 않았고 사람을 믿었다. 그런데 지금은 자기 자신도 믿지 못하는 세상이 되어 가고 있지 않는가. 이뿐인가! 멀쩡한 대도시의 땅마저 무너져 내리니 사람까지 땅속에 잠기는 이런 날벼락 같은 뉴스를 보며 살아서 화탕지옥, 생암지옥을 다 보게 되는 것 같은데 세상의 극락은 왜 보이지 않을까?

하늘길도 믿을 수 없도록 비행기 사고로 공중에서도 죽게 되니 이것은 천상 지옥일까? 건강한 사람들이 고기를 잡겠다고 바다 낚시를 갔다가 낚싯배가 뒤집히거나, 파도에 떠밀려 죽었다는 소식을 들으면 모두가 편한 곳 없이 죽음과 함께 살고 있다고 해야 할 것 같다.

이 모든 일들이 안전불감증에서 이뤄지는 경우가 너무나 많은데도 언제나 사고가 난 후에라야 알게 되는 일이기에 더욱 안타깝다. 어부는 고기를 잡아야 생계를 유지하는 직업이지만 단순히 즐기기 위한 낚시 놀이를 하는 것은 불자가 아니어도 한번쯤 생각해 보면 좋을 것 같다. 고기를 잡았을 때 행복했다면 잡혀 오는 고기도 행복해했을까? 얼마나 무섭고 놀랐을까?

우리 인간도 저승사자가 잡으러 왔다면 웃으면서 고맙다고 하며 행복해할까? 내가 세상을 살아오면서 가장 잘한 일은 불교를 만난 것이었고 축복으로 알고 있다. 아니었으면 알게 모르게 어떤 죄를 짓고 살아왔을지 모를 일이기 때문이다.

첫째는 모든 생명을 사랑하고 아낄 줄 알게 된 것만으로도 충분한 가치였으리라 믿는다. 해를 보아도 달을 보아도 나는 해님, 달님이라 부르게 되었고 모든 사물 하나하나에 '님'이라는 존칭으로 귀하게 보는 마음도 하나하나마다 존중으로 보기 때문이다.

그럴진대 하물며 사람과 사람끼리의 관계는 어떠랴. 남을 탓하지 말고 인정해야 할 일은 인정하고 믿어 주며 보이는 그대로 바로 볼 수 있는 심성이면 이해하지 못할 것도 없을 것이고 싸울 일도 없을 것이다. 우리는 혼자 살 수 있는 세상이 아니고 함께 살아야 하는 동업 인생이다.

죽어서 극락이기보다 이 세상이 극락이라면 지금처럼 두렵고 무서운 세상은 아닐 것이다. 차별 없는 공기처럼 우리 한 사람 한 사람 모두가 바른 마음으로 정토를 이룬다면, 조용한 파도 소리에 시를 읽고 모래알 하나하나마다 인연의 소중함을 재우며, 인생도 파도처럼 밀려왔다가 또 파도처럼 밀려가는 시절인연에 맡긴다면 오늘 하루도 감사하게 되리라.

계절 따라 봄에는 봄의 모습과 일이 있고, 여름에는 여름대로의 모습과 일이 있다. 가을에는 단순히 예쁜 단풍의 모습보다 봄부터 살아온 세월의 흔적으로 형형색색 고됨을 토해 낸 색이었을 것이다. 겨울이면 이마저도 다 내려놓고 쉬기 위한 나목裸木의 모습으로 혹한을 이겨야 한다.

  인생도 순리에 따라 다 내려놓고 떠날 때는 또 다른 어떤 내가 되어 새롭게 태어날 것인데 어느 세상일지라도 부디 전쟁이 없고 재앙이 없고 가난이 없는 극락의 도량, 부처님 품속이길 빈다.

새해의 꿈과 소망

　하루하루가 쌓여 달을 이루더니 어느덧 새해가 되어 보이지 않는 높은 숫자의 언덕에 서 있어라. 시간도 세월도 오는 것도 가는 것도 보이지 않지만, 언제부터인지 얼굴에도 손등에도 주름이 하나둘 늘어나 다시 돌아올 수 없는 세월의 흔적이 되었다.
　그토록 귀엽고 사랑스러웠던 손자 손녀들이 어느새 훌쩍 커 버린 모습에 놀라지 않을 수가 없고 이제는 할머니인 나를 걱정해 주는 보호자가 되어 있었다. 사람이라는 몸으로 한 생을 살아가는 동안 어찌 좋은 일만 있을 것이며, 또한 어찌 나쁜 일만 있을 것인가.
　아침에 잠에서 깨어날 때마다 오늘이라는 새날을 맞이할 수 있음에 감사하고 어제보다 오늘이 더 알차고 보람 있는 날이기를 기대하며 오늘의 소중한 시간 속에 나를 싣는다. 그러나 하루가 저물고 밤이 될 때면 늘 아쉬움과 미안함이 들어 나 자신을 나무라곤 했었다. 지금은 자식을 키워야 하는 숙제도 마쳤고, 손자 손녀들에게 훈계를 해야 할 일도 끝났다.

오직 스스로의 모습이 가족들에게도, 주변의 모두에게도 더 나은 불제자佛弟子로서의 참모습만으로 표상表相이 되어야 할 보살의 삶이 내게 주어진 숙제일 뿐이다. 그동안의 내 삶은 스스로 늘 신호등이 되어야 했고, 신호를 잘 지키는 모범의 모습을 보여야 한다고 생각했다. 멈춰야 할 때 멈춰야 하고, 빨간 불의 시간일 때는 기다릴 줄 아는 인내심을 알려 주고, 파란 불의 시간일 때는 주저 없이 건널 줄 아는 지혜를 알려 주는 신호등 역할을 했어야 했다.

그러던 내가 어느 날 길을 가는데, 손주 녀석이 내 팔짱을 끼더니 "할머니, 차가 지나간 다음에 천천히 가야 해요." 하는 말을 듣고, '아! 이제는 내가 하던 염려까지도 내려놓아도 되겠구나.' 하는 믿음이 생겼다. 이렇게 모든 열매마다 가을이면 더욱 단단히 익듯 사람의 나이에도 익음이 있어 홍시를 걱정하는 익은 감처럼 내게 지나온 시간들이 그냥 맹하니 흘러간 것만은 아니었음을 느꼈다.

작은 개울물이 강으로 흘러가다 부딪치고 높은 곳에서 떨어지기도 하면서 힘들게 바다에 다다랐을 때 넉넉한 물의 세계에서 비로소 평안을 누리듯, 우리의 인생도 그렇게 흐르는 세월에 실려 가는 여정인 것이다.

　새해 첫날 아침, 해님을 만나기 위해 사람들이 높은 산이나 바닷가 등 해 뜨는 모습이 잘 보이는 곳에 몰려들어 각자의 가슴마다 간직한 소원들을 빌고 있는 모습을 TV를 통해 많이 봐 왔다. 그러나 그 해는 어제의 해와 다를 바 없고, 또 내일도 그와 똑같은 해가 뜨게 될 것이다.

　사람의 진심을 바로 보여 주는 아름다운 광경을 어찌 나무랄까? 너무도 당연한 자기 자신들만의 소원을 빌고 있음이 아닌가! 기도의 모습은 아름답고 순수하고 착한 모습 그대로일 뿐이다.

　가장 가까운 내 가족을 위해 한 해를 시작하는 첫날부터 간절히 다짐하고 아무 탈 없기를 손 모아 기도하는 모습은 아마도 희망과 설렘으로 새해를 시작할 힘으로 충전되었을 것이다. 그렇듯 부처님께도 새해 새로운 마음으로 가다듬고 가족과 주변의 모든 인연들을 위한 기원으로 참으로 따뜻한 사랑을 베풀 수 있는 복인福人이 되길 발원함이 진정한 기복祈福일 것이다. 복이 있어야만 복을 나눌 수 있기에 복을 빌지 않을 수 없는 기복인 것이다.

　제불보살님과 팔만사천 큰 법보와 욕색제천중, 팔부사왕중, 일체 호법선신중 모두와 해님, 달님, 천지만물, 우주에도 감사하며, 이 모든 세상이 맑고 밝고 아름답고 향기로운 도량으로 이루어지길 소원함도 빠뜨릴 수 없는 기도의 한 페이지이다.

달라진 지금의 모습

요즘에는 우는 아이가 없다. 옛날 우리가 아이를 키울 때는 집집마다 아이 울음소리가 들렸었다. 아이의 요구를 들어주기도 쉽지 않았지만, 방법 또한 어려워 아이와 싸운다고 할 만큼 엄마의 목소리가 이웃집 담을 넘을 때가 많았다.

그때나 지금이나 아이를 사랑하는 엄마의 마음이 다르겠냐만, 시절이 달라 놀이가 달랐던 그때의 엄마들은 무척 힘들어했던 것 같다. 비좁은 버스에 실려 먼 길을 갈 때, 지금처럼 에어컨도 없었던 차 안에서 아기가 갑갑하여 떼를 쓰고 울 때면 다른 손님들에게 폐가 될세라 그저 당황하여 아이를 토닥이며 땀을 뻘뻘 흘려야 했고 긴 시간의 고생에 몸살을 앓기도 했던 그 시절 우리의 모습이었다. 다른 어떤 방법이 없었기 때문이다.

그런데 지금의 아이들은 울어야 할 일도 없거니와 울 시간조차 허락하지 않는 좋은 세상이 되었다고나 할까? 자가용은 더위도 추위도 조절이 가능하여 최상의 환경으로 무엇 하나 불편함이 없기도 하지만, 아기가 운전석의 엄마에게 손만 뻗어도 이미 아기에게는 핸드폰이 쥐여져 있고, 어찌 알았는지 그 작은 아기가 손가락으로 즐겨 보는 프로그램을 누르고 있으니…. 울어야 하는 것도 느낄 시간이 없는 이 좋은 세상에서 아이를 키우는 지금의 엄마들을 보면서 마음 한편 부러운 광경이기도 하지만, 꼭 좋기만 한 모습일까 싶다.

어른들도 마찬가지다. 지하철을 타고 보면 누구 한 사람 그냥 앉아 가는 사람이 없고, 옛날처럼 시끄럽게 대화하는 사람 또한 없다. 모두가 조용하니 핸드폰 삼매에 빠져 있을 뿐이다. 특히 유튜브의 많은 정보에 코를 박고 본인들이 보고 싶은 것만 골라 보느라 목적지의 역을 놓치기도 하여 놀라는 모습들도 본다. 심지어 물건을 선반에 올려 두고 생각 없이 핸드폰에 빠져 그만 잊어버리고 내리는 모습까지도 종종 보게 되니 사람이 작은 기계의 노예가 되어 가는 것 같다.

요즘 노인들도 다르지 않아 심심할 틈이 없다고 한다. 잠이 없는 노인들이 낮도 밤도 새벽도 모르고 카톡을 날려 댄다. 그러나 사람은 사람끼리 만나서 대화하고 소통하며 살아야 진정한 정을 나눌 수 있고, 기쁜 일도, 슬픈 일도 서로 나눌 때 사람의 향기가 느껴질 것이고 추억이 될 것이다.

아이들도 친구들과 어울려 서로 쳐다보며 웃고 울고 또 작은 싸움도 해 봐야 삶을 배우게 될 텐데, 지금의 아이들은 어릴 적부터 부모와 한 방을 쓰지 않고 제 방을 가질 수 있어서 더 구할 것 없는 좋은 세상에서 살고 있지 않는가.

그러나 홀로 보내는 시간 때문에 부모와 많은 시간 동안 배워야 할 예의도, 친구와의 대화도 배우지 못하고 핸드폰의 게임에만 열중한다는 이야기를 들을 때마다 이렇게 되면 사회를 배우지 못해 배려심도 사랑도 용서도 모르게 될까 봐 걱정이 된다.

그래서 우리는 너무 좋은 세상에 살고 있어서 무섭고 두려운 것이다. 멀리 외국의 그 어떤 나라에 있어도 전화 한 통이면 목소리를 들을 수 있고 심지어 모습도 볼 수 있는 영상을 대할 때마다 그리움을 잊을 만큼 곁에 있는 고마움이지 않은가! 심지어 은행 볼일까지도 방 안에서 해결할 수 있는 이 편리함과 신기함을 어찌 말로 표현할까.

팔십이 넘은 이 나이에도 이런 편리함에 절을 하고 싶을 만큼 감사하다. 평생 다 배울 수 없는 신기술들이 날마다 새롭게 등장하니 모르는 단어마다 상담까지 해 주는 친절한 AI가 참으로 신기한 일이다. 이 기술을 누가 다 만들었을까?

사람만 말하는 시대는 이미 끝이 났다. 밥솥도 사람보다 더 섬세하고 밥이 되어 가는 과정도 말해 주며, 세탁기도, 세척기도, 청소기도, 그리고 현관문이 열리고 닫힐 때도 온갖 종류의 기계마다 말을 하니, 이제는 말하는 강아지도, 말하는 고양이도 만나게 될 것 같다. 어찌 보면 우리 인간이 만든 과학 기술 때문에 더 많이 시끄러운 세상이 된 것 같다. 사람이 해야 할 일까지도 기계가 대신해 주는 지금의 시대가 되었으니 사람이 밀려날까 두렵다. 식당의 서빙은 물론이고 뜨거운 주방 일까지도 로봇의 일손에 맡겨져 있으니 말이다.

건강검진을 받으러 병원에 갔을 때도 나는 놀랐다. 이 방에서 저 방으로 옮겨 다녀야 할 때 사람의 안내가 아닌, 네모난 기계 하나를 따라 걸어가게 되니 처음에는 너무도 신기했지만, 이러다 우리는 또 어떤 세상에 살게 될까 하는 의구심과 함께 간호원의 따뜻했던 손길이 그리워질 것 같다.

옛 어른들에게 자주 듣던 말이 생각난다. 흔히 일하지 않고 너무 쉽게 얻으려는 사람을 두고 '손 안 대고 코 풀려고 한다.'는 말이 있다. 그런데 지금 그 말대로 살고 있지 않은가! 밥하는 것도, 설거지하는 것도, 청소도, 빨래도. 그뿐인가 심지어 화장실에서도 손을 쓰지 않아도 씻어 주고 말려 주니 손에 더러움을 묻힐 일도 없지 않은가!

이렇게 편리하고 깨끗한 지금의 세상에서 누리며 살고 있으니 옛날 어른들 시절에 손등에 때가 덕지덕지 쌓여 소 죽을 끓이는 솥에 손과 발을 불려 돌멩이로 씻어 내던 그 아픔의 추억 이야기는 영영 사라지고, 똑똑하지 않으면 살아갈 수 없는 최첨단 과학 시대에 실려 또 어떤 정서를 만들며 살아갈 수 있을까?

지금은 모두 너무 쉽게 살려고만 하는 모습들이다. 그만큼 노력이 따르지 않으면 새로운 세상에서 적응하지 못하고 행복할 수 없는 지금의 시절인연에 어쩌면 과도한 위험이 와 있는지도 모른다.

이제는 지식이 아닌 지혜로 더 크게 내 것이 되어야 할 것이라 생각된다. 작은 내 집만이 내 집이 아닌 우리나라가 내 집이라는 것을 깊이 생각해야 하고, 내 주변의 모두가 내 가족이고 식구로서 서로 믿고 사랑할 때 우리 사회가 행복할 것이다. 나부터 달라져야 함이 함께 느껴지길 소망하고 소원하며 기원해 본다.

또한 자연을 아끼고 사랑하여 이 국토를 더 아름답게 꾸몄으면 좋겠다. 옛날 우리 어릴 적에는 박을 심어서 물바가지로 사용했고 강변의 흐르는 물도 안심하고 마셨다. 그때는 오염이 무엇인지도 몰랐다. 지금은 너무 쉽게 쓰고 버리는 비닐과 플라스틱으로 우리 국토를 병들게 하고 있으니 조금씩 줄여 사용하면 좋겠다. 흘러가는 물도 생명이고 불도 생명이고 모든 자연이 자연 아님이 없으니, 모두를 아끼고 아껴서 이 땅에서 자자손손 행복한 도량을 물려주는 훌륭한 조상이 되어야 할 것이다.

아름다운 회향을
서원하다

다 놓아 버린 한가로운 지금의 나는
그저 글을 쓰고 경을 쓰면서 그림도 그린다.
간간이 도반들이 떠났다는 소식이 들려오면
슬픔이기보다는
인생의 숙제를 마치고 가는 길,
부디 부처님 도량에서 다시 만나자고 당부하면서
내 차례가 되면 나도 가야 할 그 길을 그려 본다.

인생은 강물이다

　물이란, 그 시작은 하늘에서 비가 내려 물이 되었지만 흐르는 곳에 따라 냇물, 강물 또는 바닷물이 되듯이 우리의 한 생명도 태어나는 곳에 따라 삶의 모습이 각각 달라지게 된다. 이 넓은 세상에 대한민국이라는 나라를 택해서 태어났을까? 그 많은 성씨姓氏 중에 가문을 정해서 태어났을까?
　이렇게 한 생명의 인생 행로가 태어날 때부터 정해진 것처럼 살고 있지만 다 순조롭게만 살아갈 수는 없는 것이 인생이다. 인연의 묘한 틈바구니에서 멋진 인생도 있지만 때로는 참으로 고달픈 삶을 살게 되기도 한다.
　그러나 그대로 멈춰진 것은 아무것도 없다. 지나온 세월이 어떠했든 계속 변하여 흐르고 있을 뿐이다. 마치 물이 한번 흘러가면 다시는 돌아올 수 없듯이 우리 인생도 한번 흘러가면 다시는 되돌릴 수 없는 지금에 서 있을 뿐이다.

인생은 강물이다. 그러나 강물처럼 흘러간 인생의 끝자락에 남겨진 이야기는 하나이다. 그것은 무겁지도 않은 자신만의 업적業績이니 누구와도 나눌 수 없는 오직 내 것으로 고스란히 기억하고 추억하며 간직될 것이다.

몸은 마음이 시키는 대로 한다지만 때로는 몸과 마음이 서로 겨룰 때가 있다. 마음이 해야 할 일을 계획하지만 몸이 따르지 않아 피로하고 괴롭다는 이유를 들어 시위한다면 그것은 건강의 신호일 것이다. 하나의 몸 안에서 하나의 마음으로 하여금 서로 다툴 때는 몸은 이유가 많고 마음은 이유가 없기 때문이다.

나는 매일 5시에 기상하여 부처님 전에 간단한 예경을 드리고 우리 집 뒷산인 금정산으로 산책을 나간다. 걸음걸음 경을 외우며 기도의 마음으로 길을 걷는다. 절 앞에 지날 때마다 합장하며 인사를 드리고 상쾌한 아침 바람과 함께 산을 올라 작은 황톳길을 만난다. 사람들 속에서 나도 신발을 벗고 맨발로 행진하여 걷는다. 말없이 땅만 보고 혼자만의 정진으로 스물다섯 바퀴를 돌고 난 후에는 발을 씻고 집으로 오는 나의 일과가 나름 참 의미가 있고 보람 있는 시간이라 생각된다.

산은 나의 스승님이다. 신선한 공기로 나를 안아 주는 감사한 도량에서 나를 돌아보게 하고 참회와 겸손을 알게 해 주는 큰 스승이다. 숲속의 살아 있는 모든 생명과 아침을 함께 즐기는 이 시간이 참으로 평화롭다.

우리의 세상 사람 모두가 이 아침의 모습을 닮았으면 좋겠다. 아장아장 걸음으로 주인을 따라 산책 나온 강아지들도 지나는 사람마다 칭찬을 받으니 신난 모습이다. 모든 생명은 가치를 논하기 전에 존귀하고 저마다 사랑을 안고 있다.

쉼터 의자에 앉아 이야기하며 웃는 우리의 소리를 따라 나뭇가지에 앉은 까마귀가 사람처럼 따라 웃는다. 말하듯 뭐라 뭐라 하더니 내 웃음소리처럼 박자를 맞춰 웃는다. 까마귀와 나는 친구가 되어 한참을 마주 웃었다. 통하지 않을 것이 무엇인가?

허공이 비었다고 누가 말했나

허공이 비었다고 누가 말했나.
천지 만물을 다 품어
부모의 품과 같은 넉넉함으로
뭇 생명들을 다 살게 하고 있지 않는가.

그러고 보면 이 땅에 존재하는 모든 것들은
내 형제자매와도 같은 것.
이제야 돌이켜 생각해보니 내 피와도 같고
살과도 같은 많은 생명들을
부지런히도 살생하고 살았구나.
늙어 죽어 갈 이 한 몸을 살리려고.

어쩌다 발견한 옛 일기장

우연히 궤짝 안에서 아주 오래전에 쓴 일기장을 발견하였다. 1976년에 쓴 일기장이니, 지금으로부터 49년 전 이야기로 내 나이 32살 때였다.

그 시절의 이야기를 읽으니 참으로 다사다난했던 때였다. 그리고 젊은 시절 대단했던 나의 열정이 눈앞에 그려지듯 상세히 기록되어 있었다. 나는 결혼하여 연년생의 세 아이를 낳고 두 살 터울의 막내를 낳아 1남 3녀를 키우던 젊은 엄마였고, 가정을 돌보는 일만으로도 정신없이 바빴을 때였다. 그 와중에 시부모님께서 번갈아 병원 신세를 지셔야 했고, 시누이의 남편이 입원하는 일까지 더해져 하루도 쉴 틈이 없었을 만큼 다 내가 살펴야 했던 일이었다.

시어머니의 자궁 절제 수술에 병실을 지킬 사람이 아무도 없어 6남매 집안의 장남 며느리였던 나는 아이들만 집에 두고 병실을 지켜야 했으며, 그 누구도 대신 해 줄 수 있는 일이 아니었다. 그 많은 대소사들이 모두 내 몫이었는데, 하필 그때 남편은 공무원으로 일 년 동안 진주로 발령을 받아 우리는 주말부부가 되었고, 나는 자연스럽게 집안일을 혼자 감당해야 했던 상황이었다.

7살 큰딸과 6살 아들을 유치원에 함께 입학시켰으니 그 뒷바라지만 해도 바쁜 일상이었는데, 그 밑의 5살과 3살 아이들은 엄마 손길이 가장 필요할 때라 오죽이나 바빴을까. 지금 생각해도 나는 슈퍼우먼이었다.

5월 5일 어린이날, 구덕운동장에서 아이와 엄마가 함께 무용을 해야 할 때도 다른 엄마들은 아이 한 명만 데리고 하는데 나는 두 명의 아이들을 데리고 해야 했고 마친 다음에 각자 아이를 업고 나와야 할 때도 나는 내 작은 등에 두 아이를 함께 업어야 했으니 지금 생각하면 놀랍기도 하다.

그런 중에도 새벽마다 예불과 기도만은 철저히 지켜야 했고 사경도 했으니 내가 아닌 남의 이야기라고 해도 대단하다며 칭찬했을 것 같다. 그리고 틈틈이 엄마들을 모아 진주 응석사 부처님 전에 공양 올리는 행사도 했을 정도로 그때의 왕성한 나의 일상생활은 신심으로 가득했다. 그래서 지치지 않았을 것이다.

그뿐만이 아니었다. 그해에 둘째 시동생과 셋째 시동생의 결혼식까지 치러야 했으니 이보다 분주한 해가 또 있었을까 싶다. 그래도 나는 이러한 인생 여정을 괴롭다고 생각해 본 적이 없었을 정도로 부처님을 떠나 있어 본 적이 없었다.

일타 큰스님께서 늘 내게 해 주신 말씀이, 시간이 있을 때마다 '이 뭣고?'를 외면서 참선의 마음을 잊지 말라고 하셨는데, 나는 남을 위한 기도를 백 일 동안 먼저 한 다음에 실천할 것을 마음속으로 약속했었다. 그렇게 백일 기도를 회향하던 1977년 1월 22일 그날에, 곧바로 연꽃모임이 결성되었고 7년 동안 아이들을 키우느라 멈추었던 불교 활동을 다시 시작하게 되어 더욱 바쁜 일상을 보내야 했었다. 기도는 진심이 담긴 간절함이고 지극함이니, 그것이 원력이 되었다.

성취의 경험을 갖게 되었다는 깨달음을 알았을 때 이미 빗물처럼 내려진 가피가 나를 적시고 있었다. 그때의 환희심은 은혜로운 공덕이 되어 또 다른 모두를 위해 베풀 수 있는 원력을 키울 수 있게 되었다.

그래서 지금까지 가족의 건강과 평안을 지켜 내었고, 모든 어려움마다 극복할 수 있는 힘도 생겼으니 이 모두는 일체 호법선신의 가호가 있었기 때문이리라 믿는다. 세상의 인연 공덕이 그냥 있는 일은 아닐 것이다. 마음 내는 만큼 얻어지는 결과일 것이다.

  마치 눈사람을 작게 만들고 크게 만들고는 자기 생각에 따라 만들어지는 것처럼, 공덕도 그냥 만들어지는 것이 아닌, 큰 마음이든 작은 마음이든 자기의 그릇에 맞게 담기는 것이리라. 마치 빗물을 받기 위해 내어놓은 그릇의 모양에 따라 물이 담기는 것처럼.

내 어릴 적의 설날

나는 밀양의 시골 마을에서 태어나 열다섯 살까지 살았었다. 할아버지와 할머니도 살아 계셨던 나의 기억 속에는 그림 같은 추억이 담겨 있다.

대문이 아닌 '삽짝'이라 불렀던 집 입구의 문은 날이 밝으면 옆으로 옮겨서 열어 두었고 어둠이 찾아오는 저녁나절에는 다시 닫아 두는 정겨운 문이었다. 지금은 시골에서도 이런 문을 찾아볼 수가 없다.

음력 설날이 가까이 다가올 때면 목욕탕이 없던 시골에서는 부엌 문을 걸어 잠그고 큰 나무통에 뜨거운 물을 담아 엄마가 꼼꼼히 씻겨 주었고, 소죽을 끓인 가마솥에 손과 발을 담그고 불린 다음 돌멩이로 때를 밀었다. 형제자매끼리 마주 앉아 오순도순 이야기꽃을 피우며 덕지덕지 씌워진 때를 아무리 씻어 내도 추위에 갈라진 손은 따갑도록 아파 호호 불었고, 바세린이 유일한 약이었다.

　엄마는 동동구리무를 최고의 화장품인 양 아껴 쓰셨고 그마저도 이웃의 부러움을 받았다. 지금도 눈에 선한 그때의 그 광경이 나를 웃게도 하고 울게도 하는 시절인연이었다. 흔하디 흔한 지금의 화장품으로 비교한다면 누가 이해할 수나 있을까? 흙으로 다져진 부엌 바닥은 왜 그리도 울퉁불퉁했던지 신을 신어도 지압이 될 정도였다. 그렇게 바닥이 올록볼록한 부엌은 지금의 젊은 사람들은 상상도 할 수 없는 온기 있는 부엌이었다.

　대나무로 된 살강에는 식구들이 세 끼의 음식을 담아 먹을 그릇들이 나란히 엎어져 있었고 살강 아래에는 땔감들이 가득 차 있었다. 어느 때 그 많은 나무를 다 쓰고 난 뒤 내가 부엌을 깨끗이 쓸고 있었는데 어디선가 큰 밤알 하나가 굴러 나와 너무나 놀라고 반가워서 살펴보니, 부엌 맨 구석에 작은 홈을 파고 톱밥 속에 밤을 가득 묻어 둔 것을 발견하게 되었다.

　나는 너무 신기하고 좋아서 세 살 위의 작은오빠를 불러 같이 아궁이 속 타고 남은 숯불을 비집고 밤을 넣어 구워서 먹기로 했다. 익기를 기다리며 불에 두 손을 쬐고 있었는데 갑자기 펑펑 총소리만큼 큰 소리로 밤이 폭발하여 우리는 혼비백산 놀라서 마당으로 뛰쳐나왔고 이 모습을 본 엄마가 그 사실을 알고 "아이고, 이걸 어찌 알았을꼬? 설에 조상님 제사상에 올리려고 묻어 둔 건데…. 그래도 다치지 않아서 다행이구나." 하시던 그 목소리가 지금도 귓가에 쟁쟁 들리는 듯 기억에 남아 있다.

그뿐이던가. 화롯불에도 밤을 그냥 넣어(한쪽을 따 주어야 하는데 그걸 모르고) 굽다가 터지는 바람에 방 안이 온통 재로 날렸던 실수도 했으니 얼마나 호기심과 장난이 심했는지 짐작할 수 있게 한다.

끼니 때마다 가마솥에 밥을 짓고 난 뒤 누룽지는 우리들의 간식이었다. 창고 방에 걸어 둔 메주 콩알도 하나씩 떼어서 먹었고 감춰 둔 홍시도 용케 찾아서 먹었다. 씨앗으로 말려 둔 호박씨도 까서 먹었으니 그때는 지금처럼 먹을 것이 귀한 시골의 풍경이었다.

그때는 설이나 추석 명절 때라야 새 옷을 해 입었다. 그 당시 판박이(무늬를 찍어서 만든) 천으로 만든 옷을 최고의 옷으로 알고 입고 나오면 친구들도 비슷한 옷을 입고 있었다. 설 전날에는 잠을 자게 되면 눈썹이 하얗게 된다고 해서 억지로 졸음을 참으며 밤을 새웠다. 설날 차례를 지내고 모두 모여 다니면서 동네 어른들에게 절을 하여 받은 세뱃돈으로 연필과 공책을 사기도 했다.

그렇게 점점 자라서 중학교에 입학하게 되었고 너무 먼 20리

길을 걸어야 학교에 닿을 수가 있었다. 그렇게 오가는 거리가 40리인 길을 매일 걸어서 다녀야 했다. 그때는 버스도 한 대만 다닐 정도로 귀했고 택시는 구경조차 해 본 일이 없었으니 지나가는 트럭을 만날 때마다 태워 달라고 소리치면 짐칸에 가득 태워 주기도 했다. 그러다 중학교 3학년이 되던 해에 나는 부산으로 전학을 오게 되었는데 바로 집 앞이 학교였다. 새로운 내 길이 생긴 것이다.

이렇게 나이가 아무리 많아도 녹슬지 않은 옛이야기의 추억 보따리는 마치 보배 창고에 숨겨진 보물처럼 가끔 꺼내 보는 나만의 시절인연 이야기이다.

세월의 흐름을 타고 지금 손주들의 시절인연을 읽어 본다. 무수한 시간의 변화로 나는 여섯 명의 손자 손녀의 할머니가 된 것이다. 아이들이 멀리 서울에 살고 있어서 자주 볼 수는 없지만, 전화 목소리만이라도 늘 행복하게 들을 수 있는 좋은 시절에 살고 있음에 감사했다.

그러다 명절인 설이나 추석에 만날 때면 내 손을 꼭 잡고 곧장 가던 곳이 바로 마트였다. 그곳에 가면 자기들이 좋아하는 장난감이 얼마든지 있기 때문이다. 값이 비쌀수록 더 다양하고 좋은 것임을 나보다 더 잘 알고 있었다.

모처럼의 요구를 어떻게 거절할까? 무엇이든 주어도 주어도 아깝지 않은 손주 사랑 할머니의 마음이 아니던가? 그러던 아이들이 점점 커 가면서 장난감과는 멀어지고 무엇이 좋은지 물어도 이제는 괜찮다고 하지만 역시 현금의 효력은 볼 수가 있다. 아무리 어린아이들도 지금은 돈이 있으면 본인이 갖고 싶은 것을 살 수가 있다는 것을 알고 있기 때문이다.

옛날 어른들이 하시던 말씀이 생각난다. 자식들이 올 때면 우선 얼굴보다 손부터 보게 된다는 말이 있다. 지금은 어른들도 달라졌다. 선물보다 현금이 좋다고 한다. 마음에 들지 않은 옷보다도, 먹고 싶지 않은 음식보다도 돈이면 최고라고 한다.

이렇게 세월의 파도 속에는 묘한 변화의 물결이 늘 넘실대고 있는 것이다. 어쩌면 지금의 모습들은 추억을 만들기보다 즉석라면 같은 인생을 즐기는 것만 같다. 쉽게 느끼고 쉽게 잊어버리며 과거 없는 현재에 다 놓아 버리는 것 같은 느낌이다.

그래서 나는 손주들에게 일기 쓰기를 권하고 있다. 그래야만 나의 인생을 돌아볼 기회가 있을 것이고 무단히 흘러간 내 자취를 느껴 볼 귀한 자료가 될 것이니, 그로 인한 삶이 무엇인지 반성과 소원所願이 새로운 서원誓願이 되어 훗날 자기 존재를 소중히 생각할 수 있는 기록이 될 것이라 믿는다.

얼마 전 50살이 넘은 막내딸의 어린 시절 일기장이 발견되어 읽게 되었는데, 그중에 '엄마는 오늘도 스님이 오시고 또 손님이 많이 와서 바쁘시니, 내가 학교에서 와도 인사도 받아 주지 않아 서운했다.'는 이야기와, '절에 따라가서 스님 앞에서 반야심경을 외웠더니 스님께서 칭찬해 주셔서 좋았다.'는 이야기가 적혀 있었다. 늦었지만 미안함과 기특한 생각이 들어 그때의 나를 돌아보았다. 이렇게 잊었던 인생 이야기가 훗날 그리움이 되고, 나의 삶을 말해 주었다.

큰 원을 성취하려다 후회가 되는 일이라면 그것은 욕심일 것이다. 남을 비방하고, 또 비방을 멈추지 않으면 결국 자기 자신을 용서치 못하는 법이다. 작년의 내 모습과 지금의 내 모습은 변해 있고, 어제와 오늘의 달라져 가는 나를 본다.

친정집 제사상에 올린 감

한의원을 하셨던 큰오빠가 몇 년 전 홀연히 운명을 달리하셨다. 가실 것을 그 전 해부터 예감하셨던지 어느 날 집안 식구 모두 모인 자리에서 할아버지, 할머니, 아버지, 어머니의 제사를 모시는 일로 아들 셋과 며느리들에게 고생시키게 하고 싶지 않다며 제사를 모아서 지낼 것을 허락하셨다. 대신 정성을 다해 모셔 줄 것을 당부하셨다.

이런 큰오빠의 뜻에 집안의 딸인 나로서는 처음에는 이해할 수 없고 섭섭함을 금할 수 없었지만, 출가외인인지라 어쩔 수 없이 그 뜻을 따라야만 했다. 그다음 해에 큰오빠가 세상을 떠나셨고 운영하시던 한의원은 장조카가 삼대째 이어서 하게 되었다.

그 후 제삿날이 되면 친정집으로 가지만, 이제는 어른들이 다 떠나시고 올케언니와 조카들만 살고 있어서 마음 한편이 서글퍼지기도 하니 걸음이 무겁게 느껴지곤 했다. 서울에서 내려온 동생과 우리 내외, 그리고 작은 올케언니는 제사를 지내러 가는 길에 갖가지 과일과 제물을 사 가지고 간다.

과일을 가득 고르면서 유독 내 눈에 들어온 과일은 감이었다. 내가 어렸을 적 우리 집에서 큰 감밭을 소유하고 있었던 터라 마음껏 먹을 수 있었던 유일한 과일이 바로 감이었다. 어릴 적 손이 닿는 감나무 가지를 잡고 잘 익은 감을 하나씩 돌려 따서 돌에 놓고 어른들이 주먹으로 내리쳐 주시면 황금색 속이 드러났다. 떫지만 단맛을 가진 반시감이 있는가 하면 설탕처럼 단 단감도 있었다.

그 시절 우리 할아버지, 아버지, 엄마, 오빠 모두 감을 즐겨 드셨다. 나무에서 잘 익은 홍시를 볼 때마다 엄마는 그것을 따서 소쿠리에 담아 사랑채 할아버지 방에 살며시 들여놓곤 하셨다. 그러면 할아버지는 꼭 하나씩 남겨 두셨다가 학교에서 돌아오는 나를 불러 엄마 모르게 사랑채에서 먹게 하셨던 그때를 지금도 잊지 못한다. 그렇게 감을 보다가 어릴 적 추억이 떠올라 단감도 사고 홍시도 사서 제사상에 가득 올리기도 했다.

요즘은 세계 각국의 과일을 맛볼 수 있지만, 옛날에는 흔하게 먹어 볼 수 없었던 과일들을 보면 엄마 생각이 떠올라 그리워진다. 제사상에 가득 차려진 음식과 과일들을 보며 나는 마음속으로 지금 이 모든 음식과 과일을 하나도 빠짐없이 맛보시고 행복해하시면 얼마나 좋을까 싶었다. 살아생전에 효도 한번 제대로 못 했다는 생각에 마음이 아프면서도 이런 날에 용서받고 싶은 심정이기도 했다.

나란히 모셔진 위패를 보면서, 한 분 한 분의 모습을 조용히 떠올려 보며 그 은혜를 기려 보았다. 이 세상에서 다겁 다생으로 맺어진 '가족'이라는 이름의 수많은 인연을 떠올리며 조상님과 부모님의 분신인 나의 존재를 다시금 생각하게 되었다. 그리고 남은 생은 더 뜻깊고 아름다운 회향심으로 살아가리라 다짐했다.

9월 9일 제사를 올리며

　옛날 내가 어릴 적 우리 집에서는 매년 음력 9월 9일이면 이름 모를 누군가를 위해, 또 자손이 없는 영가들을 위해 제사를 지내 왔었다. 결혼 후 우리 시댁 부모님께서도 9·9절마다 조상들의 기제사 때처럼 장을 봐서 정성으로 제사를 지내셨다.

　그 후 돌아가실 무렵에 우리에게 당부하시길, "이제 우리가 가고 나면 너희들은 직계 조상의 제사만 지내고, 9월 9일에는 절에 가서 합동 제사에 동참하도록 하여라."라고 하셔서 지금까지 그 뜻을 따르게 되었다.

　내 어릴 적 그 어렵던 시절에도, 자손이 없거나 외로운 영혼들을 위해 제사를 올리면 그 공덕으로 자손들이 잘된다는 전설이 있어서인지 음력 9월 9일이면 집집마다 제사를 지내었고 온 동네가 제사 음식 냄새로 가득했다.

도반 중 한 명이 들려준 이야기가 하나 있다. 옛날에 시댁 친척 중 혼자 살았던 영가 한 분을 위해 해마다 9월 9일이면 제사를 지내게 되었는데, 그 후로 눈에 보일 정도로 하는 일마다 좋은 결과가 따랐고 가족 모두 건강했으며 소원 성취를 이루게 되었다는 것이다. 사업도 크게 성공하여 사회적으로 공로를 인정받을 만큼 모범이 되었다고 한다.

옛말에 '귀신처럼 잘 안다.'는 말이 있듯, 이 모두가 다 그 영가님의 은혜와 보살핌 덕분이라고 믿게 되었으니, 그 정성이 또한 어떠했겠는가. 살아 있는 사람에게도, 외롭게 돌아가신 영가님에게도 서로가 아름다운 인연이 된 이야기였다. 복도 내가 지어야 내가 받고, 공덕도 내가 지어야 내가 받는 것. 세상에 공짜는 없는 법이리라.

음력 9월 9일을 맞아 제사를 지내기 위해 절에 갔다. 나란히 세워 둔 위패 앞에 앉아 차茶와 향香을 올리고, 비록 얼굴은 모르지만 나와 인연 있었던 모든 영가들과 전혀 모르는 영가들일지라도 마음으로 정중히 예경을 드리며 발원하였다. "이곳에 오신 모든 영가님! 저희의 정성으로 올리는 이 공양을 즐겨 드시고 스님의 염불 기원 따라 기쁜 마음으로 부처님 법에 귀의하시옵고 극락세계에 안주安住하시길 간절히 기원드립니다."

그러면서 조용히 앉아 영가님들을 느껴 보았다. 문득 옛날 어린 시절 할아버지를 위시하여 여러 일가친척 영가들을 한 분 한 분 떠올릴 때마다 어찌 그리도 많은 인연들이 내 곁에 있었던지 끝나지 않는 모습들로 등장하기 시작했다. 옛 시절의 인연이었지만 이제는 모두가 그리움으로 남아 소중한 추억이 되었다. 오늘 이런 제사가 아니었다면 무심코 흘러가고 말았을 시간일 텐데 마치 꿈을 꾸듯 옛 기억에 푹 빠져들었다.

엄마는 내가 어릴 적에 밥을 잘 먹지 않아서 늘 애태우시다가 어느 날 함지에 밥과 찬을 담아 양지바른 장독대로 데리고 가서 먹기 시작했는데, 그날부터 장독대는 엄마와 나 둘만의 소풍 장소가 되기도 했었다.

그랬던 내 어린 시절 그 인연들은 지금 어디서 무엇을 하고 있을까? 들추는 모습마다 망상인 줄을 알면서도 헛된 모래 탑을 쌓고 있었다. 오늘 하루가 그랬다. 참회의 눈물도 내 몫이었다. 지금 내게 다시 만날 수 있는 시간이 주어진다면, 제일 먼저 생전에 한 번도 구경 못하셨던 자가용으로 세상 구경도 시켜 드리고, 백화점에서 옷도 한 벌씩 선물하고, 제일 맛있다는 식당에서 밥도 같이 먹고, 바다에도 산에도 가 보고, 절에도 같이 가서 부처님께 기도도 함께 올리고 큰스님을 친견하여 법문도 듣고, 차도 함께 마시며 옛이야기로 밤을 지새우고 싶다.

이렇게 긴 망상에서 깨어났을 때는 잠시나마 행복했고 허탈한 웃음이 나를 감싸고 있었다. 추억은 사라지지 않는 나의 역사였다.

살면서 잊지 말아야 할 일

내가 있어 조상님께 감사해야 하고
살아있음에 기뻐해야 하고
살기 위해 짓는 많은 허물에
미안해할 줄 알아야 하고
살기 위해 생명 있는 것을 해치기도 하니
죄송해할 줄 알아야 하고
걸음걸음 죄 아니 짓고 살 수 없으며
생각생각이 좋기만 하지 않아
미움과 원망 그리고 저주가 교차할 때면
거울에 내 모습을 비춰 보아야 할 일.

아름답지 않은 생각마다 얼굴도 미워지니
닦고 닦고 또 닦는 마음으로
늘 참회하고 발심하여
보리심 가득 자라게 하여지이다.

여든의 나이에 느끼는 마음

　내가 어렸을 적, 아버지께서 칠판에 '人 人 人 人'을 써 두시고 나에게 읽어 보라고 하셨다. 같은 글자 넉 자가 무슨 의미인 줄 몰랐던 나는 '사람 인人' 자도 모를까 봐 물으시느냐고 되물었고, 아버지께서는 "사람이면 사람이냐? 사람이라야 사람이지."라고 말씀하셨다. 즉, 사람의 모습이라고 다 사람이 아니라, 사람다운 사람이라야 진정한 사람이라는 가르침이었다. 그 말씀이 아직도 내 마음속에 늘 살아 있는 교훈으로 남아 있다.

　팔십 평생을 살아온 지난 세월을 되돌아보니, 잘했다고 내세울 것은 없고 잘못한 일과 아쉬운 마음이 뒤엉켜 만감이 교차할 뿐이다. 지금 다시 되돌릴 수 있다면 처음부터 후회할 일은 만들지 않을 것 같다.

진심眞心으로 산다면 나를 미워하는 적을 만들지 않을 것이고, 불심佛心이 있다면 하나하나 부처님의 가르침대로 배우고 행하여 모두에게 향기로운 삶의 본보기가 될 것이고, 도심道心으로 나를 길들여 산다면 하는 일마다 지혜의 모습으로 따르게 될 것이며, 의심義心으로 마음을 일으키면 그 뜻에 담긴 일을 함께할 인연들을 만나게 될 것이니 장애가 없을 것이리라.

또한 동심同心의 마음이면 어떤 일에도 서로에게 용기와 희망이 되어 함께 행복할 것이다. 나도 남도 모두가 하나의 마음으로 세상을 살아간다면 외롭지도 괴롭지도 않을 것이고 늘 즐거움이 넘치는 삶이 될 것이다.

이제 인생 끝자락에 무슨 소용이겠냐만, 내가 살아온 경험과 인간관계를 정리해 본다면 '신뢰'만큼 아름다운 말도, '신뢰'만큼 중요한 것도 없을 것 같다. 약속을 지키는 것도 신뢰지만 남에게 굳건한 믿음의 대상이 되었다면 진실한 신뢰라 할 것이다. 남을 이해하고 사랑하고 믿는 인격이 되었다면 어떤 재물과도 비교할 수 없는 큰 인연으로 살았다고 할 것이다.

우연으로든 고의로든 한번 신뢰를 잃게 되면 다시는 회복할 수 없는 낙인이 되고 만다. 무엇이 가장 가치 있고 나 자신을 당당하게 할까? 그것이 바로 신뢰라고 믿는다. 누구에게든 진심으로 대하고 불심으로 사랑과 자비를 베풀고 도심으로 행하며 의심을 나타낼 때 수행의 덕목이 되어 신뢰의 모습이 될 것이다. 동심으로 누구에게나 따뜻한 위로와 용기로 희망을 키워 줄 때 보살의 실천된 삶일 것이다.

이렇게 선업善業의 공덕으로 살아간다면 내 곁의 모든 이들은 나의 신장神將님일 것이고 나 또한 다른 누구에게라도 신장님이 되어 줄 수 있을 것이다. 사람의 모습처럼 저마다 다른 인격으로 살아가는 세상에는 배움이 훌륭하여 지식이 많은 사람도 있고, 배움이 모자라고 아는 것 없어도 한없이 베풀기만 하는 순한 사람도 있다.

때로는 지식이 많아 모르는 상대를 나무라거나 무시하는 경우를 볼 때면 덕德이 없어 사람들이 그를 따르지 않았고, 반면에 배움이 모자라고 아는 것이 없어도 남에게 한없이 베풀기만 하는 사람에게는 덕이 많아 그의 곁에는 사람들이 늘 떠나지 않음을 본다.

그래서 부처님을 가리켜 양족존兩足尊이라 했던가! 지금 우리는 지혜와 복덕을 함께 갖추신 부처님을 닮으려고 부처님 법을 배우려 하지 않는가. 팔정도八正道를 외우며 내생來生을 그려 본다.

고난 없는 삶이 어디 있을까

고난과 고통이 없다면 살아 있다고 말할 수 없을 것이다. 잘산다고 하는 사람도 걱정을 떠나서는 살 수 없는 것. 옛날 젊었을 적에 특별 법회로 먼 곳에 있는 절에서 기도나 수련회를 할 때면 하룻밤이나 이틀 밤을 자고 와야 할 때도 있었다.

그때마다 느끼게 된 것은 평범한 집의 회원들은 오직 부처님께 마음을 다해 매달려 기도하고 있는데, 집을 지키는 큰 개가 있고 가족이 많은 부자 회원은 틈만 나면 집으로 전화해서 안부를 묻기 바쁜 모습이었다.

사실 지금 나와 함께 살고 있는 우리 처사도 옛날 총각 시절에 이런 일이 있었다. 나와 자주 만날 때였는데, 늘 단정하게 다니는 나를 보며 괜히 주눅이 들어 큰마음 먹고 양복을 5개월 월부로 맞춰 입고 구두도 새로 사 신고 나왔다. 그런데 겨우 두 달치 월부를 내고 아직 석 달치 월부가 끝나지 않았건만 어느 날 고향에 다녀오느라 집을 비웠을 때 도둑이 들어 아끼던 양복뿐만 아니라 보물같이 지니고 있던 작은 소니(SONY) 라디오와 빨아서 널어 둔 양말 두 켤레까지 몽땅 가져갔으니 자취방에 있었던 전 재산을 도둑맞았다고 했다.

　나중에 그 말을 듣게 되었을 때 나는 웃음을 참지 못했지만 사실 얼마나 괴로웠을까. 남아 있는 3개월치 월부를 갚아야 했을 때의 그 심정은 또 얼마나 속상했을까. 그 후로는 조금 늦게 집에 가게 될 때마다 "집에 대한 걱정이 없으니 마음이 편하다."라고 했을 때 그 말이 살아 있는 법문처럼 들렸다.

　이처럼 가진 사람의 걱정이나 갖지 못해 하는 걱정이나 걱정은 다 있게 마련이고 모두가 다 살아 있기 때문에 하는 고민일 것이다. 옛날 우리가 젊었을 때는 돈만 많으면 아무 걱정 없이 잘 살 것처럼 생각했지만 살아온 과정을 돌아보면 그 또한 건강에 비할 바가 아님을 알게 된다. 오래전 다리가 아파 힘들었을 때가 있었다. 바깥출입이 어려웠을 적에는 아침마다 우유와 요구르트를 배달하는 사람들의 건강한 걸음과 부지런함이 부러웠을 만큼 건강이 얼마나 소중한지 알게 되었다.

　가족과 더불어 살아가는 현세現世의 삶은 필연코 걱정을 떠나서는 살 수 없는 숙제 같은 것. 부모의 마음속에는 언제나 가족 모두가 건강하고 원하는 일마다 뜻대로 잘되길 바라는 마음이 떠나지 않는다. 이 모든 것이 고통이 아닐까? 삶이라는 울타리 안에서 어쩌면 당연한 바람들이기 때문에 기도가 필요하지 않았을까?

몸은 마음을 품고 살아가는 집일 뿐이지만 그 집이 무너지면 마음은 또 다른 집을 만나야 하는 윤회의 여로 위에 있게 될 것이다. 좋은 스승님을 만나, 참된 '나'라는 인因을 알아 나를 바르게 데리고 살며 큰 고통에서 작은 고통으로 점점 더 작게 내려놓는 연습이 곧 수행일 것이다. 나라마다 문화가 다르고 모습이 달라도 인간의 몸으로는 생로병사生老病死를 피할 수 없는 것이 진리가 아니던가.

길을 걷다 만나는 수많은 돌과 흙, 모래, 풀, 나무까지도 우연한 만남은 없다. 두려움 속에도 행복이 있고 행복 속에도 근심이 함께 있다는 사실을 어찌 모르리. 죽음은 두렵고 슬픈 일이지만, 세상을 떠나야 할 때 아름다운 회향을 이룰 수 있다면 성공한 인생의 마무리일 것이다.

아직도 목적지를 정하지 않았다

 살아서 해야 할 일에는 겁이 없건마는, 내 모습을 바꿔야 하는 숙제만은 내가 제일 걱정하는 일이다. 옛 어른스님들께서 말씀하시길, 몸을 바꾸는 일은 낡고 고장 난 자가용을 폐차시키고 더 멋지고 좋은 차로 갈아타기 위한 인생 회향으로서 계절 따라 옷을 갈아입는 것과 마찬가지라고 하셨거늘….

 얼마 전, 가까이 지내던 회원 한 사람의 죽음을 보고 그동안 미루어 왔던 연명치료 포기 서약서를 등록해야겠다고 생각되어 남편과 함께 국민건강보험공단에 가서 미리 신청해 두었다. 그리고는 아들딸 모두에게 "우리 뒷일은 우리가 미리 준비하는 뜻으로 했으니 그리 알고 있어라." 하고 문자를 띄웠다. 자식들이 서운하고 놀란 마음에 "뭐가 그리 급하다고 그러세요?"라고 했지만, 자식들에게 미리 조금씩 놀랄 일을 줄여 주고 싶은 것이 우리의 마음이었다.

옛날에 나는 철이 없어서 우리 부모님께서 아프셔도 죽음까지 생각해 본 일이 없었는데, 막상 부모님과 이별하고 나니 너무 놀라서 슬픔을 가눌 길이 없어 감당하지 못했었다. 그때를 생각할 때마다, 지금이야 우리가 아직 살아 있고 자식들과도 많은 추억을 쌓고 있지만 언젠가 우리가 떠난다면 우리 아이들이 부모의 빈자리를 너무 오래 느끼지 않기를 바라는 마음이 조금씩 들기도 한다.

십여 년 전부터 문인화 그리기를 취미로 하게 되었는데, 그곳에서 나보다 나이가 한참 어린 아우님들과 만나 친하게 지내며 차를 마시다가 그중 다섯 명이 늘 만나게 되어 '오복회五福會'라고 모임 이름을 짓고 함께 절에도 가게 되었다.

불교를 모르던 아우님들에게 불자가 되도록 도와주고 통도사 보살계에도 함께 가서 수계를 받게 하였다. 기회가 있을 때마다 절에도 함께 가는데, 그 모습들이 너무 예쁘고 고마웠다. 나도 젊었을 때 어른 보살님들과 자주 어울리곤 했었는데 지금은 내가 어른의 자리에 있으니 감회가 새롭다.

나이 50까지는 윗사람들과 어울리면 어른을 이해하고 배울 점이 많을 것이고, 60이 넘으면 젊은 아랫사람들과 어울려야 세대 차이를 좁히고 서로를 이해하게 되니 함께 젊어지는 마음을 느끼게 된다고 이야기해 주었다. 그러면서 언젠가 나와의 이별이 온다면 그때는 '오복회'가 아닌 '네잎클로버'라는 이름으로 만나서 나와의 행복했던 추억을 이야기하면 좋겠다고도 했다.

요즘은 은행에 가지 않아도 언제 어디서나 현금을 이체할 수 있는 것도 배우고, 핸드폰의 다양한 기능도 따라 배우며 웃고 즐길 때마다 내 나이를 잊을 때가 많지만, 시간은 멈추지 않고 달려와 나에게 신호를 주고 있다. 지금 내가 내 모양으로 있을 때 큰스님들의 말씀처럼 여유로운 여행객이 되어 떠날 수 있으면 좋겠다.

나는 우리 아이들에게 늘 부탁한다. 부디 울지 말기를, 그리고 받아들이기를…. 엄마가 본다면 자식들이 슬퍼하는 모습을 좋아하겠는가. 그보다는 즐겁고 용감하게 살아가는 모습이 엄마의 영혼을 편하게 할 것이고, 엄마가 바라는 일이라고 생각하며 형제자매끼리 오순도순 정답게 살아간다면 죽어서도 행복할 것이라고 했다. 그리고 보고 싶을 때는 부처님께 기도하라고 당부하고 있다.

모래 위를 걸으며

신발을 손에 들고
맨발로 모래밭을 걷는다.
혼자 걷는다.
저 멀리 끝에서 끝까지
마음속으로 천수경 법화경 반야심경을
차례로 외면서 걷고 있다.
바다 위로 떠오르는 해님을 등지고
파도가 토해 놓은 하얀 거품 위로 따라 걷고 있다.
내 작은 키의 그림자가 너무 길어져
공작의 우아한 뒷모습처럼 걸음걸이가 닮았어라.
나는 누굴까?

행복이 무엇일까

며칠 전 나와 50여 년을 함께 살아온 나의 남편이자 네 남매의 아버지이자, 또 여러 손주들의 할아버지가 된 노성원 처사님이 팔순을 맞게 되었다. 인생의 한평생이 길다고 생각하면 길겠지만, 어제 일처럼 느껴지는 지난날들이 주마등처럼 스치는데 흘러간 그때의 감정들이나 기억들이 그대로 추억이 되어 있음이 신기했고 또 많은 이야기를 나누게 되니 인생의 동반자임을 실감했었다.

살아온 날들에 비하면 앞으로 아주 짧은 시간들을 마주하게 될 것임을 알기에 남편은 어릴 적부터 써서 모아 둔 일기장을 한 번씩 꺼내어 본다. 즐거웠던 일보다 너무나 힘들고 어려웠던 그때의 고됨과 아픔을 회상하며 이미 들어 알고 있던 이야기들을 다시 듣게 되니 당신의 가슴에 담긴 사연으로 함께 눈물을 흘리기도 했다. 물론 좋았던 때도 있었지만 아버지의 사업 실패로 가족 모두가 험난한 길을 걷게 되었을 때, 어린 나이에 6남매의 장남이라는 무게의 고통을 짊어져야 했다.

우리 부부는 부산불교청년회에서 인연이 되어 결혼하게 되었지만 가난에서 벗어나지 못하고 어려운 생활을 하게 되었다. 그래도 남편이 출근한 뒤에 나는 단칸방의 책꽂이 한편에 작은 부처님 사진을 모셔 두고 백팔 배와 법화경 사경으로 하루를 열었고 가난이라는 단어에 갇히지 않았다.

친구들이 궁금하다며 찾아왔을 때도 정성을 다해 국을 끓이고 밥을 지어서 대접했는데 오히려 친구들이 "난 네가 이렇게 살 줄은 몰랐다."라며 실망을 했고, 서울의 법화 큰스님께서도 그렇게 열심히 절에 잘 다니던 대원성이 결혼을 하여 얼마나 재미있게 잘 살고 있는지 보고 싶어 왔다며 들르셨을 때도 기대와는 너무 다른 모습을 보시고는 "대원성! 신혼의 시작은 어려워도 앞으로는 더 잘 살 거야. 열심히 기도하고 예쁘게 잘 살아." 하시며 나를 위로하셨다.

가문에 없던 연애결혼이라 못마땅해하셨던 친정 식구들도 신혼집에 처음 오셨을 때 방에 들어오실 생각도 않으신 채 밖에서 물끄러미 바라보며 넋을 잃고 어이없어하는 표정이셨다. 사실 아궁이가 세 개인 부엌 하나에 각각의 방 한 칸씩 세 들어 살고 있었으니 친정 식구들의 기분은 충분히 알지만 그래도 나는 기죽지 않았고 내 나름대로 잘 살고 있었다.

그때는 세탁기도 없고 냉장고도 없던 시절이었다. 어느 날, 이불 빨래를 해야겠는데 큰 대야가 없었다. 옆방 할머니가 안 계셔서 허락받지 않은 채 할머니의 대야를 잠시 사용하고 잘 닦아 본 시대로 걸어 두었다. 외출에서 돌아오신 할머니께 솔직히 말씀드렸더니 할머니께서는 "다라이도 하나 없이 사느냐?"라고 하셨고, 그날은 정말 속상하여 눈물을 흘렸었다.

첫 월급을 받아 시장에 가서 큰 고무 대야를 하나 사고, 작은 빗자루와 필요한 몇 가지를 마련했었다. 제일 먼저 연탄집게를 불에 달구어 고무통에 구멍을 내고 줄을 달아 벽에다 걸었다. 그날은 보름날이어서 바깥이 훤히 밝아 자다 말고 일어나 벽에 걸린 고무 대야를 보니 이보다 더 행복할 수가 없었다.

그러다 첫 아이를 낳을 무렵 조금 더 넓은 방으로 이사를 했고 둘째를 낳아서 더 넓어진 방으로 옮기게 되었고 셋째를 낳은 후로도 점점 나아졌으니, 옛 어른들 말씀에 '사람은 다 자기 먹을 것을 가지고 태어난다.'는 그 말이 맞았는지 아이가 태어날 때마다 우리 집에도 변화가 생겼고 넷째를 가지고부터는 내 집을 갖게 되었다.

그동안 우리는 한 번도 삶에 실망하거나 부끄럽게 생각해 본 적이 없었다. 오히려 이런 과정에서도 늘 스님들을 청하여 공양을 올렸고 또 사람들을 모아 가정 법회도 열었으며 북적이는 일상으로 행복했었다. 우리는 부처님 은혜로 마음만큼은 늘 부자였던 것이다. 남편도 사람을 좋아해서 매일 집에 다녀가신 분들이 누구였는지 궁금해하며 묻곤 했었다.

어쩌면 주어진 환경을 내 것으로 받아들이니 주저할 것도 없었고, 불편해하거나 불안해하는 일 없이 편안한 마음으로 고마움이 가득했기에 지금도 기쁨을 느낀다. 철없이 아주 용감했던 나는, 이제는 그 좋았던 시절을 추억하며, 팔순이라는 자리에서 새로운 서원과 발원으로 우리 스스로를 비추어 봐야 할 것이다.

아이들이 뜻깊은 날이라며 행사를 계획했지만 시절이 그러하여 취소되었고, 깜짝 이벤트로 서울에서 네 자녀만 내려와 함께 조촐한 하루를 보내게 되었다. 그중에 아빠가 모아 둔 일기장으로 그동안 살아온 이야기들을 정리하여 한 권의 자서전으로 꾸미게 되었으니 참으로 의미 있는 회향으로 남게 될 것 같다.

지금의 젊은 사람들이나 아이들은 우리들의 젊은 시절 이야기를 얼마나 받아들이겠냐마는 남편은 이런 일생의 이야기가 어느 한 구절이나마 공감되고 이해된다면 지금의 삶이 얼마나 소중하고 값진 것인지 느끼게 될 것이라 믿고 있다.

지금은 내게 아무 소용 없는 고무 대야가 그때는 그렇게 보물 같았던 시절이었으니, 지금 집을 새로 마련한들 그보다 더 좋을까 싶다. 살림살이를 하나하나 마련하고 이루는 그 즐거움이 진정한 보람이고 행복이라 믿기에 나는 결혼을 앞둔 젊은 커플들에게 이 이야기를 꼭 들려주곤 한다.

물질만능의 세월에 살고 있는 지금 젊은이들은 결혼할 때부터 이미 가전제품부터 무엇 하나 아쉬울 것 없이 부모님의 도움을 받아 바리바리 준비해서 살림을 시작하니 물건 하나하나의 소중함이나 귀함을 모르고 살지 않는가. 그래서인지 사람과의 인연도 너무 쉽게 만나고 너무 쉽게 헤어지는 모습들을 보면서 안타까운 마음을 느낀다.

넘치는 것보다는 조금 부족한 것이 앞으로 채울 수 있다는 기대가 있어 더 아름답지 않을까? 사람의 성공은 물질이 아닌 인격의 완성이나 배려로 이루어지며, 소신으로 자기답게 살아가며 나아가 자녀들로부터 존경의 대상이 될 수 있다면 멋진 인생이라고 생각한다. 가난은 죄가 아니고 부끄러움도 아니다. 다만 불편함이 있을 뿐이다.

우리 내외는 닮았다

 아주 오래전 이야기다. 부부 동반으로 백두산 여행을 갔을 때였다. 뉴스와 사진에서만 보아 오던 백두산을 직접 두 눈으로 보게 된다는 설렘을 안고 가게 되었다. 마침 날씨가 좋아 백두산의 짙은 남색 하늘과 짙은 남색 천지 물도 보게 되어 우리 일행 모두는 행운의 날이라고 했다.
 날씨는 화창했지만 제법 추운 날이어서 두꺼운 잠바를 입어야 했다. 그런데 산에 오를 때부터 계속 나만 따라다니던 연변 아가씨가 있었다. 그냥 따라다닌 것이 아니고 계속해서 내게 하는 말이, "언니! 입고 있는 그 옷 너무 예뻐요. 저에게 주면 안 되나요?"였다.
 옷을 주면 이렇게 추운 날 내가 떨어야 하니 안 된다고 해도

"언니! 나 너무 추워요. 저 주세요."라며 포기하지 않고 졸라대며 나만 따라다녔다. 귀찮아서 피해도 계속 따라다니는 그 아가씨를 보는 순간, 오래전 인도에 여행 갔던 때가 떠올랐다.

푹푹 찌는 더위에 파라솔 하나가 유일한 그늘이 될 뿐이었는데, 그때도 인도의 한 아가씨가 땀을 흘리면서 나만 따라다니며 내가 쓰고 있던 파라솔을 달라고 했다. 더운 열기 속에 숨이 멎을 것 같았기 때문에 나는 차마 줄 수가 없었다.

여행을 마치고 집으로 왔을 때 그 파라솔을 볼 때마다 가슴이 아프도록 후회가 되었다. 파라솔만 보면 그 아가씨의 새까만 얼굴과 애원하던 눈빛이 생각나서 스스로 자책했던 기억이 떠올랐다.

백두산에서 만난 이 아가씨를 보는데 그때의 상황과 닮아서 마음에 갈등을 일어나고 있었다. 추위에 입술이 파랗게 변해 갈라져 있었고, 긴 머리카락에 깡마른 체구의 아가씨에게 나는 새로 산 그 옷을 하는 수 없이 벗어 주고 말았다. 입고 있던 옷의 온기가 사라지자 갑자기 추워지기 시작했다.

길 중간쯤 왔을 때 남편이 내게 "지금 몇 시냐?"라고 시간을 물었다. 내가 자기 손목시계는 어쩌고 내게 묻느냐고 되물으니, 나처럼 자기를 따라다니며 시계를 달라고 졸라 대는 총각에게 시계를 벗어 주고 말았다는 것이었다.

그 말을 들은 우리 일행은 같은 목소리로 "역시 대원성 부부입니다." 하면서 놀리기도 하고 웃음바다가 되기도 했다. 여행 중에 조금 불편함은 있었지만, 후회를 남기지 않아 아주 잘한 일이라고 서로 칭찬하였다.

어느 날 마을에 살 때 탁발하다 들른 예쁜 비구니 스님 한 분이 계셨다. 스님은 몸이 좋지 않아 죽을 쑤어 가지고 다니셨는데 장소가 마땅치 않아 먹지 못하다가 우리 집에 들어와서 먹고 가면 좋겠다고 해서 들어오시게 했다.

죽을 드시고 출가의 이야기를 말씀하셨는데 출가하자마자 스승님이 편찮으셔서 스님 시봉만 하다 보니 하고 싶은 공부를 할 수가 없어서 탁발로 돈이 모이면 동국대학에 가고 싶다고 하셨다.

이렇게 나와는 상관없는 하소연을 한참 듣고 있었는데, 일요일이라 늦게 잠에서 깬 남편이 스님을 보고 넙죽 절을 하더니 스님의 사정은 모르는 채(나와 잘 아는 관계의 스님인 줄 알고) 이 이야기 저 이야기로 시간을 보내다가 기어이 가겠다는 스님을 붙들고 더 쉬었다 가시라고 하며 자주 오시라고 부탁도 하면서 깍듯이 인사를 건네고, 탁발로 길을 걸어가야 할 스님을 기어이 택시를 태워 차비까지 드렸었다.

내가 어떻게 설명할 겨를도 없이 상황이 이렇게 전개된 것이다. 스님께서 가신 후 마당에서 내 설명을 듣고 우리 두 사람은 한참 동안 웃음을 참지 못했던 일도 있었다. 그 당시에는 우리 집에 스님이 자주 오실 때여서 남편은 지나가는 스님만 봐도 나를 만나러 오신 스님으로 잘못 알고 집 안으로 안내하여 낯선 스님들께 뜻하지 않은 다과상을 차려야 할 때도 많았다.

어느 날에도 밖에서 볼일을 보고 집에 왔을 때, 남편이 한 번도 본 적이 없는 스님 두 분과 찻상을 가운데 두고 마주 앉아 이야기를 나누고 있었다. 남편의 말은 회사에 뭘 가져가야 할 일이 생겨서 집에 잠시 왔는데, 마침 젊은 스님 두 분이 대문 앞에 서 계셔서 우리 집에 오신 스님으로 알고 안으로 안내하였고, 그때는 핸드폰이 없을 때여서 내게 연락할 수가 없으니 하는 수 없이 대신 자기가 대접하는 중이었다고 했다. 도리어 내가 어리둥절한 눈빛으로 바라보니 남편은 "당신, 이 스님 모르시오? 스님께 인사부터 하시오."라며 설명하고 있었다. 그 스님은 지나가는 탁발승이었는데 너무 친절한 남편의 권유로 들어왔다고 했다. 알고 보니 어느 절 불사에 도움이 필요해서였다.

이렇게 젊은 시절 우리 집은 에피소드가 끊이지 않았던 곳이었다. 하물며 이웃 사람들도 걸망을 진 스님만 보면 우리 집에 오신 스님으로 알고 우리 집까지 안내해 주었을 정도였으니, 지금 생각해 보면 그때는 참 아름다운 신심으로 가득했던 모습이었던 것 같다.

얼마 전, 남편과 큰딸 근영이와 함께 어느 절에 갔었다. 법당에 들어가 참배하고 나오니 마당 한쪽에서 국화빵을 팔고 있었다. 우리는 추억의 맛을 떠올리며 사 먹게 되었다. 작은 국화빵을 입에 넣으며 남편이 말했다. "왜 붕어빵을 팔지 않고 국화빵을 팔지?" 그러자 딸이 답했다. "아빠! 여기는 절이잖아요."

나는 순간 웃었지만, 기가 막힌 대답이 아닌가! 빵의 모양까지도 고기를 먹으면 안 된다는 부처님의 가르침을 담고 있는 것이었다. 빵을 구워 파는 이의 마음도 과연 그 마음이었을까? 아니면 우리 딸만의 마음이었을까?

잘 익은 호박처럼

　사람과 사람 사이에는 보이는 모습이나 행동으로 행복한 만남도 있지만 때로는 본인의 의사와는 상관없이 오해와 불신으로 가당치도 않은 아픔을 겪어야 하는 힘든 경우를 보기도 하고 겪기도 하는 세상살이가 아닌가 싶다. 모습은 보이지만 마음은 보이지 않아 생기는 충돌일 것이다.

　사람은 오래 사귀어 온 만큼 더 많이 알고 더 사랑할 것 같지만 알면 알수록 더 까다롭고 어려운 사람이 있는가 하면, 얼마 되지 않는 시간의 인연임에도 마음을 터놓고 대화할 수 있는 편안한 사람도 있다는 것은 다 인연因緣의 소치일 것이다.

　나를 사랑하기 위해 남을 사랑해야 한다지만 사람과의 관계에는 조건條件이 무無가 될 수 없다. 때로는 나무람 속에 진정한 배움이 있고 비웃음 속에서도 나를 성장하게 하는 거름이 된다고 생각할 때 이것이 바로 자신을 더 사랑하고 아끼는 모습일 것이다.

진정한 자존심은 어리석음을 내려놓고 지혜로운 모습으로 나를 바로 가질 때 멋진 모습으로 빛이 발發할 것으로 믿는다. 마치 가을에 잘 익은 누른 호박이 뽀오얀 분을 뿜어내듯이 사람에게도 잘 숙성된 모습에는 바라만 보아도 존경의 합장이 되고, 훌륭한 인격의 모습에 더 가까이 함께하고 싶은 마음이 될 것이다.

옛날에 참선을 즐겨 하던 친구가 이런 말을 했었다. "고요히 앉아 아무리 나를 찾는 공부를 했어도 또 하고 있어도, 문득 화가 치밀어 오를 때는 공부라는 생각은 싹 다 잊어버린 채 본시 그대로 돌아와 말짱 헛공부였더라." 그 말이 잊히지 않고 내게 숙제 같은 말이 되어 버렸다. 그러나 그마저도 해 본 사람과 해 보지 않은 사람의 차이는 분명 말할 필요도 없을 것이다.

봄이면 큰절마다 보살계를 설하게 될 때였다. 어떤 사람이 "지키지도 못할 계戒를 왜 받느냐?"라고 했을 때 어느 스님께서 "오른손으로 받아 왼손으로 파破하더라도 그 공덕은 살아 있다."라고 했었다. 비유컨대 뜨거운 것인 줄 알고 만지는 사람과 모르고 만지는 사람의 차이가 어찌 같을까? 이런 이해만으로도 지난날 허물을 돌아보게 되니 참회라는 단어에 감사하게 되었고 새로운 삶의 지표로 맹세하게 되니 진심眞心의 뜻이 더 굳건하여 스스로 윤기 있는 기쁨이 된 것이다.

　살아감으로써 경험이 스승이 되고 지식은 배워야 하며 지혜는 스스로 터득해야 하는 노력이 곧 수행의 결실이 될 것이다. 이 모든 것이 마치 높은 산 정상을 다녀온 사람이 산을 말하는 것과 아예 가 보지도 않은 사람이 산을 말하는 것이 어떻게 같을 수 있겠는가? 비교할 수 없는 천지天地 차이임에는 말할 나위가 없음이다.

　말에도 뜻에도 각각 맛이 있고 뿌리가 존재하는 법. 내가 지금까지 살아온 세상 나이가 여든이 되었는데 그 긴 세월의 흔적들이 작은 내 가슴에 고스란히 나의 역사로 안겨 있어 가끔 다시 보는 영화처럼 울기도 하고 웃기도 하는 추억들로 생각나곤 한다. 특히 그중에 참회로 떠오르는 생각 하나 앞에서는 미안하고 미안하고 또 미안해서, 미안하다고 혼자 계속 중얼대며 허리 숙여 합장하고 절을 하기도 한다.

　아주 어릴 적 시골에서 자란 나는 작은오빠를 따라 이웃 친구들과 미꾸라지를 잡았고 작은 물고기도 잡아 좋아하며 자랑도 했다. 또 머슴을 무시하고 밥을 빌러 온 거지를 싫어했었다. 그런 내가 전생에 무슨 복을 얼마나 지었는지 알 수는 없지만, 불심佛心의 씨앗이 있었기에 점점 자라면서 큰스님들을 친견하게 되었고 또 부처님 품속에서 정법불교를 배우면서 살아왔다. 그 긴 세월은 진정 감사하지 않을 수 없는 은혜와 가피이기에 한시도 잊을 수가 없다. 또 참회와 발원으로 세상의 모든 것을 바로 보고 사랑하게 되니 풀잎 하나까지도 함부로 할 수 없는 생명임을 알게 되어 생명 존중의 자비심으로 나는 나를 사랑하게 된 것이다. 삶이 행복하다는 것은, 내 안에서 내가 웃을 수 있다면 최고의 보람인 것이다.

해마다 이맘때가 되면 잘 익은 호박 하나를 거실 한쪽에 올려 두고 뽀얀 분으로 화장한 그 모습을 즐겨 보며 나를 비추어 보는 도반으로 삼는다. 도도함이 아닌 당당함으로, 불자의 긍지로 이 계절에 함께 익어 가길 발원하며 기도한다. 크고 둥글고 원만한 모습으로 하얀 분을 뿜어내는 호박처럼, 훌륭한 덕목으로 나를 태우고 은은한 들국화의 향기처럼 하심下心의 미덕으로 마음 향기를 두루두루 가까이 또 점점 더 멀리 날리고 싶다.

이 나라 이 국토에서

골골 짝짝마다 절이 있고
부처님이 계시고 스님들이 계시면서
꺼지지 않는 촛불을 밝히고
기도 소리 목탁 소리
세상 소원 다 이뤄지길 축원하나이다.
세상 어디서든 사람이 재산이고 인연이 은혜인데
그 공덕으로 불국정토 이루어지이다.

가신 님이여!
가셔도 가신 적 없이 훌륭한 법의法衣로 나투어 오소서.
남기셨던 숱한 법문 어록을 모아 경전으로 꾸미고
후세에 해처럼 강렬하게 달처럼 은은하게
별처럼 다정한 부처님 나라 행복한 세상 되게 하소서.

가신 님이여! 가신 님이여!
너무 오래 기다리지 않게 어서 오소서.
잠시 다니러 가셨던 그 세상 이야기도 들려주옵소서.
절에서 절을 하며
나를 만날 수 있고 또 나를 볼 수가 있겠지요?

그래서 더 나은 나를 길들이어 행복한 수행으로
염불하고 참선하여 진리를 깨달으면
큰 나무 큰 그늘도 필요치 않겠지요?

가신 님이여! 가신 님이여!
우리 서로 몰라보더라도 어서 오소서.
아름답고 빛이 나는 훌륭한 새 몸으로 어서 오소서.
누구나 보기만 해도 환희로운 모습으로 어서 오소서.
저 종소리 목탁 소리 다시 듣게 하소서.

저자와
함께한 길 위에서

귀한 인연

인생이 풍요롭고 행복하기 위해 무엇이 중요할까요? 저는 좋은 인연을 만나는 것이라 믿습니다. 누구를 만나느냐에 따라 삶도 달라지니까요. 그러나 사람이 사람을 가려서 만나기 어렵고 첫눈에 알아보기는 더욱 어려우니 인연 법칙에 따라 만나게 되고, 또 살아가면서 수많은 만남에 기쁨과 행복도 있지만 상처가 되기도 하지요.

그런데 저에게는 가장 소중하고도 귀한 인연으로 만난 한 분이 있어 소개하려고 펜을 잡으니, 우선 기쁜 마음, 설레는 마음이 가득한데 제 글솜씨로 잘 표현이 될지 걱정이 되기도 합니다. 제게 더할 나위 없이 귀한 인연인 저의 장모님 이대원성 보살님 이야기입니다.

  불교와 깊은 연도 없었던 제가 불교텔레비전에 입사하여 지금의 아내를 만났고 그 어머니 대원성 보살님도 만나게 되었습니다. 불교텔레비전 방송 초기에 방송을 널리 보급하기 위해 전국 사찰을 직접 찾아다니며 스님과 신도분들께 방송을 소개해야 하는 지방 출장을 자주 다니게 되었습니다.

  부산 출장 때의 일이었습니다. 동료 직원의 부모님이셨던 대원성 보살님께 다른 뜻도 품었던 마음이 있어서 전화를 드렸을 때, 처음 보는 저에게 집에서 잠도 자게 해 주시고 따뜻한 밥상도 차려 주셨는데 30여 년이 지난 지금까지도 그때를 잊을 수 없는 고마움으로 기억하고 있습니다.

  금정산 큰 소나무와도 같은 든든한 믿음과 예나 지금이나 한결같이 변함없는 신심으로 누구에게나 밝은 모습으로 차별 없이 대하시는 모습은 우리가 닮고 싶은 삶을 보여 주셨다고 생각됩니다. 평생 남을 위해 기도하셨고 6남매 장남의 아내이자 며느리이자 4남매의 어머니로서 헌신해 오셨습니다. 자녀들에게 늘 귀감이 되셔서 사회의 훌륭한 인재로 칭송받도록 하셨고, 지금은 6명의 손자 손녀도 다 장성하였으니 이 모두가 부처님의 은혜이자 가피라고 늘 말씀하시며 행복해하시는 장모님의 본받아야 할 모습들이 참 고마웠습니다.

젊은 시절에 만든 연꽃모임이나 그 외 봉사단체 또는 장학회 어느 한 곳도 소홀히 하지 않으셨고, 힘이 되는 만큼 노력하셨던 장모님이 참으로 존경스럽고 자랑스러웠습니다.

사실 넉넉한 집안 형편이 아닌 공무원의 아내로 이 모든 일들을 해내기 위해 몸과 마음으로 누구보다 바쁘게 살면서 포교하고 봉사할 수 있었던 것은, 잠을 줄이고 몸을 바쳐 헌신하신 대단한 열정의 삶을 보여 주신 분이셨기에 가능했습니다. 평생 낮은 곳을 먼저 살피셨고 사회가 건강해지길 소원하셨던 나의 장모님께 이 기회에 존경과 찬사의 말씀을 드리고 싶습니다.

언젠가 읽어 본 법정 스님의 편지에 "어지간히 돌아다니고, 가정을 잘 돌보는 주부가 되라."는 충고의 글이 적혀 있었던 것을 보면, 장모님은 한 사람이라도 불자가 되게 하려는 노력으로 집을 자주 비우고서라도 전국의 사찰을 누비고 다니셨으니 그런 말씀을 하셨던가 봅니다. 그러한 노력의 후광으로 제30회 대한불교조계종 포교대상에서 대상을 수상하기도 하셨으니 그럴 만한 일생의 영광을 이룬 장한 보살의 삶이었다고 믿습니다.

이제 팔순을 넘긴 연세로 운전도 놓으셨고 그 많은 모임도 회향하셨으니 마음 한편 짠하지만, 인생 회향의 길목에서 그동안 모셔 왔던 큰스님들과의 인연 이야기와 일화를 책으로 남기시니 그 감동과 기쁨을 함께하며 지난날 많은 사랑과 격려의 말씀들을 소중한 교훈으로 삼아 지켜 살아갈 것을 약속드리겠습니다. 이대원성 님과 노성원 님의 사위여서 자랑스럽고 행복합니다. 감사합니다.

이정옥 님의 첫째 사위
경기콘텐츠진흥원 원장 **탁용석** 합장

어머니의 삶을 바라보며

대원성 보살님의 아들 노영준입니다. 얼마 전 미국 출장길에 보스턴 문수사 회주 도범 스님을 어언 20년 만에 찾아뵙게 되었습니다. 어릴 때부터 50이 훌쩍 넘은 지금까지 스님을 찾아뵐 때 저를 소개하는 직함이자 마패 같은 수식어가 있습니다. 사실 저는 재가 불자로서 어떤 의미 있는 역할도 하지 못했지만, '엄마 찬스(?)'로 큰스님들로부터 유발상좌라는 말도 들으며 챙김을 받아 왔었습니다.

저는 제가 태어나기도 전부터 지극한 불자 집안에 인연이 되었고, 제가 엄마 배 속에 있을 때도 어머니께서는 백팔 배 절을 하셨습니다. 태어난 그날도 어머니께서는 진통을 안고 머리를 감고 백팔 배 절을 한 다음 저를 낳았다고 하셨습니다.

  작은 방 하나에 작은 불단이 차려져 있었고 엄마가 그곳에서 언제나 기도하는 모습을 익숙하게 보아 왔습니다. 우리 4남매에게 무엇이든 과자 하나라도 부처님께 공양 올린 다음 먹게 하셨으니 우리 집은 절이 아닌 생활 불교를 실천해 온 집이었습니다.

  제행무상諸行無常의 뜻으로 보아야 할까요? 어머니는 어떤 날씨가 좋으냐는 질문에도 바람 불고 비 오는 날이 좋다고 하셨습니다. 변화 자체가 우리 세상의 본상本相이라는 것을 받아들이신 어머니는 가만히 순응하고 기다리는 분이 아니셨습니다.

  젊은 시절 네 아이를 키우기에도 바쁜 일상인데, 사찰 순례를 비롯한 각종 절 행사의 중심이 되어 부지런히 인원을 모아 차량 대절과 음식 준비까지 앞장섰습니다. 아무나 할 수 없는 그 일들을 단 한 번도 힘든 내색 없이 신나게 하셨던 어머니의 모습을 기억하고 있습니다. 사람을 모아 신행 단체 연꽃모임을 만드셨고 그 인연으로 또 다른 많은 단체를 이루게 되어 왕성한 활동을 펼쳐 오신 지난날 어머니의 신심이셨습니다.

  그런가 하면 개인적으로 하루도 빠짐없이 기도하고 사경하고 그림도 그리고, 신문에 글을 연재도 할 만큼 어머니의 일상은 온통 불교였습니다. 그중에도 금강경과 부모은중경, 능엄경을 사경하여 전국 기도처마다 보시하셨으니, 금강경 한 구절을 인용하여, 날마다 수미산만큼의 금은보화 칠보를 가득히 쌓아 보시한 그 공덕보다 금강경 사구게四句偈 한 구절만이라도 수지독송하고 남에게 일러 주는 그 공덕이 더 크다고 한 말씀대로라면, 어머니는 참으로 대단하신 공덕 보살일 것입니다.

남의 아픔을 외면하지 않으셨고, 힘이 되는 만큼 이웃도 살피셨습니다. 제법무아諸法無我의 삶을 살아오신 어머니의 인생으로 보아야 할까요? 불교의 중요한 가르침으로 나를 내려놓아 내가 아닌 무아無我로서의 실천이었을 것입니다.

상의 상존의 관계 속에서 존재하는 깨우침일 텐데 어머니는 작은 인연 관계도 다 소중하게 생각하시고 더 단단한 관계를 만드셨으며, 그냥 스치고 지나갈 일들까지도 살피셔서 심지어 여행 중에 만난 사람의 딱한 사정까지도 들어주셨던 보현보살이십니다. 제가 대학을 다니던 시절 불교학생회에서 함께했던 동기가 군에 갔는데 군법사가 없다는 말을 전해 듣고 어머니께서 스님을 모셔 주고 후원도 해 주셨습니다.

열반적정涅槃寂靜을 이루실까요? 부처님의 말씀을 배우고 깨달아 자유로워지는 것이 불자의 목표이고, 정진하고 수행하는 것이 불자의 삶일진대, 어머니의 일생이 회향된다면 저는 그렇게 믿고 싶습니다.

게으르지 않으셨고 끊임없는 노력으로 살아오신 어머니의 일생을 우리는 기억할 것이고 또 닮아 가겠노라 다짐합니다. 저는 '어머니'라는 호칭보다 '엄마'가 편하고 좋아서 제 나이 50이 훨씬 지난 지금도 '엄마'라고 부릅니다. 엄마를 많이 사랑하고 존경하는 마음을 이 자리를 빌려 꼭 전하고 싶습니다.

이정옥 님의 아들
㈜고영테크놀러지 이사 **노영준** 합장

내생장학회 발원문

부처님!
저희들이 세세생생 부처님 회상에 다시 태어나기를 발원합니다.

좋은 가문, 좋은 부모 형제, 좋은 일가친척과
친구를 만나기를 발원합니다.

많이 배우고 많이 알게 되기를 발원합니다.

스스로 훌륭한 인격과 인품으로
모든 사람들로부터 사랑받는 사람이 되고저 발원합니다.

지혜가 총명하여 모든 사람들로부터 스승이 되기를 발원합니다.

육바라밀을 잘 실천하고 사홍서원을 이루고저 발원합니다.

나무 석가모니불
나무 석가모니불
나무 시아본사 석가모니불

팔십 평생 몸담아 온 모든 단체들을 회향하면서, 다음 생에도 불자로 태어나 무식하지 않고 더 신심 있는 불자가 되기 위해 2016년 6월부터 오늘날까지 꾸준히 해 오는 기도가 있다. 바로 내생장학회來生奬學會 발원문이다.

내생장학회에서는 770명 회원들의 적극적인 동참으로 한 명당 10만 원씩 모두 7,700만 원을 모았고, 동국대학교 3,000만 원, 중앙승가대학교 3,000만 원, 선화여고 1,000만 원, 그 밖의 학생들에게 700만 원의 장학금을 기부하였다. 그때의 감사한 마음을 담아 지금도 날마다 부처님 전에 축원을 올린다.

부록

글로 못다 전한 인연의 순간들

집 안에 차려 놓은 불단.
매일 아침저녁으로 이곳에서 부처님께 예경하고, 감사한 인연들을 위해 축원을 올린다.

1968년 범어사 보살계를 수지하고 일타 스님(가운데)과 함께 찍은 사진이다.

인도 부다가야에서 부처님 전에 올린 반야심경 사경.

인도 부다가야에서 부처님 전에 올린 천수경 금강경 사경책.

인도 쿠시나가라에서 부처님께 꽃 공양을 올리는 모습이다.

1977년 1월에 창립한 '연꽃모임'은
당시 30대 여성 불자들로 이루어진 불교 신행 단체이다. (맨 앞 저자)

단체복을 맞춰 입고 대한불교조계종 행사에 참여한 연꽃모임 회원들.
(앞줄 오른쪽에서 두 번째 저자)

1990년 '세계고승 판차실라(PANCASILA) 수계 산림 대법회'에 참여한 연꽃모임.
(앞줄 오른쪽에서 다섯 번째 저자)

1994년 '제6회 홍법 바라밀제'에서 홍법대상을 수상했다. (둘째 줄 왼쪽에서 열 번째 저자)

1994년 12월 '보현봉사회'라는 봉사단체를 창립한 이래 1996년 창립 2주년 기념 법회 때의 모습이다.
(둘째 줄 오른쪽 다섯 번째 저자)

1997년 보현봉사회 창립 3주년 기념 법회 때의 모습이다.

1998년 1월, 금강경 사경 기도를 회향하며 청도 운문사 대웅전 앞에서 찍은 기념사진이다.
(앞줄 왼쪽에서 다섯 번째 저자)

동국대학교 경주병원 건립 불사를 위해 연꽃모임에서 첫 번째로 동참금을 희사하여,
동국대학교 정각원에서 당시 동국대학교 총장 지관 스님으로부터 감사패를 받았다. (왼쪽 저자)

2002년 김해 한림면에서 수재민 돕기 봉사활동을 하는 모습이다.

부처님오신날을 맞아 부산불교신도회에서 만발공양을 개최했다. (오른쪽에서 세 번째 저자)

진주 응석사 관음전 탱화 불사에 동참하여 보시자 명단을 적고 있는 모습이다.

강화 보문사 눈썹바위에 새겨진 마애관음보살좌상 앞에서.
보문사는 젊은 시절 지중한 인연으로 기도 정진했던 곳이다. (오른쪽에서 두 번째 저자)

팔순을 맞이하여 남편과 함께 찍은 사진이다.

우리 내외는 56년 가까이 함께 걸어온 부부이자 부모이자 도반이다.

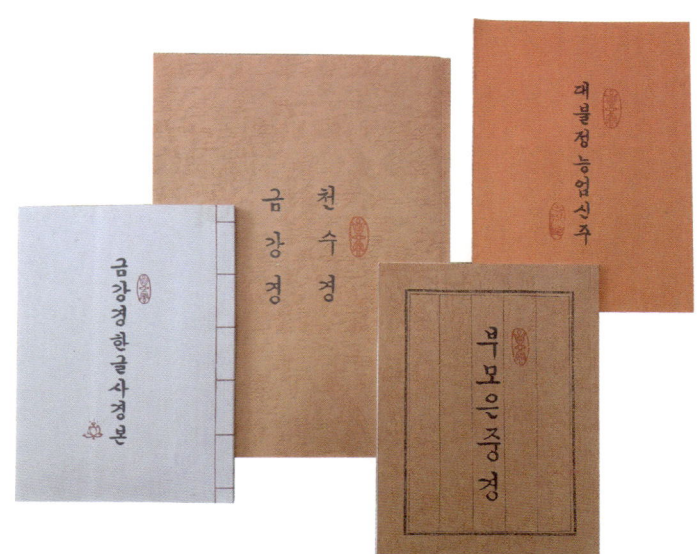

손수 사경하여 엮은 책들

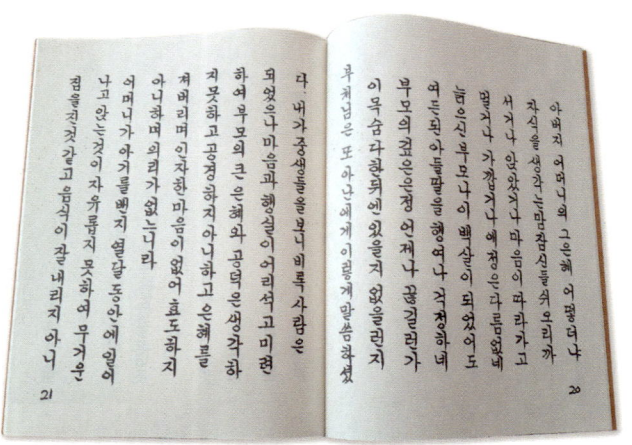

부모은중경 사경

금강경 우리말 사경

금강경 원문 사경

雲雷鼓掣電　降雹澍大雨　念彼觀音力　應時得消散
衆生被困厄　無量苦逼身　觀音妙智力　能救世間苦
具足神通力　廣修智方便　十方諸國土　無刹不現身
種種諸惡趣　地獄鬼畜生　生老病死苦　以漸悉令滅
眞觀清淨觀　廣大智慧觀　悲觀及慈觀　常願常瞻仰
無垢清淨觀　慧日破諸闇　能伏災風火　普明照世間
悲體戒雷震　慈意妙大雲　澍甘露法雨　滅除煩惱焰
諍訟經官處　怖畏軍陣中　念彼觀音力　衆怨悉退散
妙音觀世音　梵音海潮音　勝彼世間音　是故須常念
念念勿生疑　觀世音淨聖　於苦惱死厄　能爲作依怙
具一切功德　慈眼視衆生　福聚海無量　是故應頂禮

爾時 持地菩薩 卽從座起 前白佛言
世尊 若有衆生 聞是觀世音菩薩品 自在之業 普門示現 神通力者 當知是人 功德不少
佛說是普門品時 衆中八萬四千衆生 皆發無等等 阿耨多羅三藐三菩提心

6.24

觀世音菩薩 普門品

爾時 无盡意 卽從座起 偏袒右肩 合掌向佛 而作是言
世尊 觀世音菩薩 以何因緣 名觀世音
佛告 无盡意菩薩 善男子 若有无量百千萬億衆生 受諸苦惱 聞是觀世音
菩薩 一心稱名 觀世音菩薩 卽時 觀其音聲 皆得解脫
若有 持是觀世音菩薩名者 設入大火 火不能燒 由是菩薩 威神力故
若爲大水所漂 稱其名號 卽得淺處 若有百千萬億衆生 爲求金銀 琉璃 硨磲
瑪瑙 珊瑚 琥珀 真珠等寶 入於大海 假使黑風 吹其船舫 飄墮羅刹鬼國
其中 若有乃至一人 稱觀世音菩薩名者 是諸人等 皆得解脫羅刹之難 以是因緣
名觀世音
若復有人 臨當被害 稱觀世音菩薩名者 彼所執刀杖 尋段段壞 而得解脫
若三千大千國土 滿中夜叉羅刹 欲來惱人 聞其稱觀世音菩薩名者 是諸惡鬼 尚不
能以惡眼視之 況復加害

하루도 거르지 않고 매일 아침마다 남편이 쓰고 있는 사경 노트

화선지에 그린 매화

화선지에 그린 연꽃

一微塵中含十方　一切塵中亦如是
無量遠劫即一念　一念即是無量劫
九世十世互相即　仍不雜亂隔別成
初發心時便正覺　生死涅槃常共和
理事冥然無分別　十佛普賢大人境
能仁海印三昧中　繁出如意不思議
雨寶益生滿虛空　衆生隨器得利益
是故行者還本際　叵息妄想必不得
無緣善巧捉如意　歸家隨分得資糧
以陀羅尼無盡寶　莊嚴法界實寶殿
窮坐實際中道床　舊來不動名爲佛

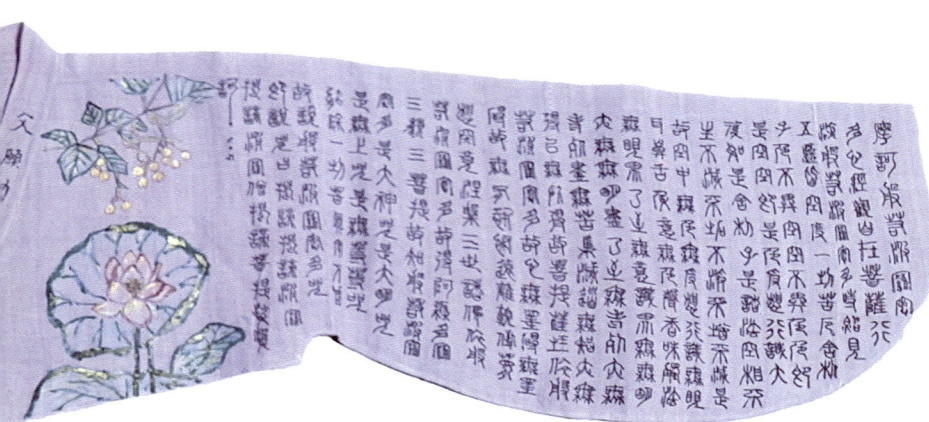

낡은 옛 저고리에 경을 쓰고 그림을 그린 것이다.
십여 년 전 취미 삼아 시작한 그림 그리기는
오늘날 내 삶에 수행과도 같은 일상이 되었다.

부처님 전에 공양하는 여인 그림

화선지에 그린 불탑

한지로 만든 보살상

박에 전서체로 사경한 반야심경

顚倒夢想究竟涅槃三世諸佛依般若
波羅蜜多故得阿耨多羅三藐三菩提
故知般若波羅蜜多是大神呪是大明
呪是無上呪是無等等呪能除一切故
真實不虛故說般若波羅蜜多呪即說
呪曰 揭諦揭諦 波羅揭諦 波羅僧揭諦
菩提娑婆訶

佛紀二千五百六十九年十月二十二日 李大圓性 合掌

반야심경
필사본

摩訶般若波羅密多心經
觀自在菩薩行深般若波羅密多時照
見五蘊皆空度一切苦厄舍利子色不
異空空不異色色即是空空即是色受
想行識亦復如是舍利子是諸法空相
不生不滅不垢不淨不增不減是故空
中無色無受想行識無眼耳鼻舌身意
無色聲香味觸法無眼界乃至無意識
界無無明亦無無明盡乃至無老死亦
無老死盡無苦集滅道無智亦無得以
無所得故菩提薩埵依般若波羅密

法性偈 사경으로 만든 연하장

부채에 전서체로 쓴 '수복壽福'

세월의 강물, 법향으로 흐르다 2
부처님 따라 인연 따라 걸어온 길 위에서

초판 1쇄 발행 2025년 12월 11일

지은이   대원성 이정옥

펴낸이   오세룡
편집   윤예지 손미숙 박성화 김윤미
기획   곽은영 이수연
디자인   고혜정 김효선 최지혜
홍보·마케팅   정성진

펴낸곳   담앤북스
주소   서울특별시 종로구 새문안로3길 23 경희궁의 아침 4단지 805호
대표전화   02-765-1251(영업부) 02-765-1250(편집부)
전송   02-764-1251
전자우편   dhamenbooks@naver.com

출판등록   제300-2011-115호

ISBN   979-11-6201-569-8 (04220)
              979-11-6201-567-4 (04220) 세트

정가 16,800원

이 책은 저작권법에 따라 보호받는 저작물이므로 무단 전재와 복제를 금합니다.
이 책 내용의 전부 또는 일부를 이용하려면 반드시 저작권자와 담앤북스의 서면 동의를 받아야 합니다.